壞事總是發生，為什麼這一次不一樣？

不一樣？為什麼這一次

投資人常犯的49個致命錯誤

HOW TO REALLY RUIN YOUR FINANCIAL LIFE AND PORTFOLIO

班·史坦 Ben Stein————著　侯偉鵬————譯

目錄

前言　　　　　　　　　　　　　　　　　11

警世良言　　　　　　　　　　　　　　　17

01　頻繁交易　　　　　　　　　　　　24

02　從事外匯交易　　　　　　　　　　38

03　堅定地認為自己能夠選股　　　　　48

04　認為近期的市場趨勢會一直延續　　59

05　市場低谷時迅速賣出　　　　　　　68

06　自認為這次與以往不同　　　　　　74

07　股利是用來消費而不是投資的　　　82

08　現金無用　　　　　　　　　　　　93

09 投資避險基金　　　109

10 嘗試從未有人用過的投資策略　　　118

11 採用大學捐贈基金和大戶們的投資策略　　　121

12 商品投資⋯⋯你生活中的一切都與實物商品有關　　　130

13 動用投資保證金　　　137

14 賣空投機　　　141

15 對自己的投資乃至全部財務打理毫無規劃　　　148

16 一意孤行　　　154

17 根本不注意繳稅對投資的影響   156

18 堅信輿論領袖真能預測未來   158

19 臨陣磨槍   161

20 毫不重視錢財之物   163

如何毀掉最好的資產：你自己   167

21 選擇一份沒有前途發展的職業   168

22 選擇一份幾乎不可能有高收入的   169
    職業

23 選擇接受更高的教育而不是更高   170
    的收入

24 不尊重老闆或同事　171

25 一味的臨場發揮，而不用心鑽研
所從事的工作與產業　172

26 得過且過　173

27 露臉時衣衫不整、鬍子不刮、不
修邊幅　174

28 不注重探求真相　175

29 公然看不起自己的工作、同事、
老闆和客戶　176

30 肆意炫耀自己比同事高人一等的
優越感　177

31 從不守時　178

32 午餐時從不介意來一兩杯雞尾酒　　179

33 在工作中傳播謠言、製造不和　　180

34 事後指責工作中的每個人，尤其是老板　　181

35 用訴訟來威脅老板和雇主　　182

36 抱怨工作　　183

37 對任何吸引自己的人都展開情感攻勢　　184

38 上班時間打電話、玩手機占用過多時間　　185

39 工作時間玩遊戲，並且肆無忌憚地製造噪音　　186

40　在工作時間安排大量私人約會　187

41　偷聽同事談話並窺探他們的郵件
內容　188

42　大談特談前雇主比現在的好得多　189

43　吹噓自己家庭背景是如何優越　190

44　虛報費用支出　191

45　向同事借錢而且不歸還　192

46　質疑、嘲笑甚至貶低自己的工作　193

47　肆意調侃同事的重要合作對象　194

48 工作時試圖改變對方的宗教信仰，貶低與自己政治或宗教觀點不同的人 195

49 說話不經大腦 196

致謝 198

前言

自從寫下這本書以來，僅僅一眨眼的工夫手頭又有了很多條忠告，希望能夠加到提倡和禁止的投資行為清單上。

腦海中首先浮現的是我這一生中，可能過於勸誡人們存錢養老了。當然，「存下足夠的錢，年老之後才能體面地度過晚年。」這種想法既合乎情理也很有必要。如果上了年紀，卻經濟拮据，無疑是會很辛苦的。

但是當我年歲漸長，以超乎自己想像的速度老去，我逐漸意識到，生命還應當注重經歷和享受。推遲享樂甚至是延後大額消費，將財產留待年老以後卻無力享受，或者將其作為遺產留給下一代，在我看來並不是

正確的人生態度。別想太多是否能給孩子們留下相應水準的遺產，就讓他們自求多福吧。趁年輕，你應該好好享受生活才是。

儘管需要妥善做好平衡，但有時候消費比儲蓄更加合適。這方面我的父母就是絕佳的例子。他們總是過於節儉（但對姐姐和我總是過於放縱）。他們本應過上更好的生活。我希望他們更加享受自我，少繳點稅給美國國稅局（IRS），他們可是從父母的遺產那裡拿走不少。

不該毫無節制地浪費，但可以在一定限度內鋪張，這應當是一條適當的原則。

我生活中絕大部分時間都有獵犬陪伴，一開始是威瑪獵犬，之後是德國短毛獵犬。人類的美好心靈，讓我見識到生命的偉大，並從中得到快樂。除此之外，我從狗身上得到更多。我之前也這樣說過，但我依然還想再強調一下，如果可行的話，養一隻狗並真誠地愛牠吧。

我曾做出的最佳投資中，排在第二位的

是為獵犬們支付晶片註冊費。如果沒有牠們給我的愛，沒有那些溫和柔軟的美好，我的生命又有什麼意義呢？我有幸能夠以半吊子的投資手法賺了點錢，並如願過上略微奢華的日子。但要說到所擁有的最美好事物，依然是我的獵犬們，甚至從根本上來說，應該是牠們擁有我才對。

我生命中所做出的最佳投資是哪一筆呢？當然是結婚證書和我買給另一半的結婚戒指、訂婚戒指（我們辦過兩次婚禮）。我的妻子是我當前生命中的珍寶。如果你能夠找到一位伴侶，她對你就像我太太對我那樣好、或甚至只有我的十分之一，那麼趕緊跪求，買來鑽戒，許下終身。在一個人的生命中，沒有任何東西的重要性能與配偶相提並論，如果要追求對方，挽留對方，無論要付出怎樣的投資代價，都不要猶豫。

此外，如果擁有一些好朋友，不要吝嗇你的讚賞之辭。寫下這段話時，我不禁想起自己的好朋友，我認為對這些朋友讚美的

話語和舉止，無論如何展現都不為過，無論如何表達都不為過，無論如何感激也都不為過。以尊重和敬愛的心態來對待你的朋友們，就是一項無與倫比的投資。若想把生活搞得亂七八糟（這可不僅僅限於理財投資），其中很有效的方法就是不尊重甚至看不起朋友們。而且，永遠不要 —— 我是說絕對不要 —— 跟朋友們吹噓自己多有錢。

如果你曾經有過度開支等在投資或理財方面不好的行為（我二者兼備，每個人都有可能如此，而過度開支是我遲遲未曾杜絕的行為），且這些行為一直不見好轉，如果你想徹底戒除，那可能只會導致你的投資更加糟糕。我認為是這樣的，不要讓別人感覺你很差勁。

但是也不要讓你自己在他們心中產生不好的印象。只需要走出來，盡己所能地採取行動。若你不停地折磨自己，讓自己很不痛快，這對其他人的幸福和滿足根本於事無補。

我的建議是，只需要定期投資於指數型產品，投資於SPY基金[1]，投資於全部標準普爾500指數（Standard & Poor's 500，以下簡稱「標普500指數」），並一直這樣持續下去。與那些不憚於吹噓自己選股技巧的朋友們的推薦相比，這樣下去你的投資表現會好得多。

投資資料顯示：如果試圖想看透市場形勢，那你只會一敗塗地。華倫·巴菲特也說，只需要根據當前的市場形勢進行投資判斷。如果你想挑戰這一理念，根據其他人的投資建議行事，鑑於這些人可能連巴菲特先生1%的智慧都沒有，你可能真的只會把自己的理財投資搞得亂七八糟了。

祝你好運。

1　SPY是全球成立最早、交易量和資產最大的指數股票型基金，1993年由道富環球投資設立。── 編者注

警世良言

普通人從本質上來說，並不具備一名優秀投資者的潛質。成功的投資需要高度的耐心，而我們作為凡人大多缺乏耐心；要想投資獲利需要鋼鐵般的意志，或者說極度的健忘，但我們卻容易受到驚嚇且情緒敏感；要想透過投資賺錢，需要對目標高度專注，而我們卻容易精力分散、轉移注意力，容易迅速被其他事物吸引。偉大的投資者總是仔細權衡投資方法，遵循著萬古永恆的經驗指引，而現實中的投資者往往是魯莽衝動的賭徒。

偉大的投資者不會受到市場潮流和幻想的左右。而兩腳直立、頭髮稀疏的那群人則

屬於不可捉摸的一類，總是隨著眼前的市場行情而隨波逐流。

能在投資生涯中賺錢的那群人，總是目標堅定、訊息周全，樂於聽從明智的建議，並能夠捨棄那些毛躁和沮喪的想法。而現實中不成功的投資者卻容易緊緊抓住錯誤的訊息，聽從傻瓜和騙子的建議，投資決策搖擺不定，導致結果幾乎總是與自己的最佳利益相悖離。

我對這一切都瞭如指掌。一生之中，我不止一次地看到上述情形。在認識的人中，無論男女，甚至是很聰明的那群人裡，我都見到過類似情況。他們都曾犯下大錯，並讓自己付出了沉重的財務代價。

教育資金岌岌可危，退休儲備難以為繼或是損失殆盡，這一切都源於糟糕的投資決策。

投資者們做出這些錯誤的決策，並非是他們願意虧本賠錢，而是因為這些人都是凡人。而凡人本質上就是有所恐懼、有所貪

婪、有所迷茫混亂的，但偉大的投資者卻往往是由更加冷酷堅硬的特質構成。

投資就是希望賺錢，或者試圖實現這一目標。如何做出明智投資，相關的論述不可勝數。它們的範圍之廣、內容之多，遠遠超出了我的認知。其中，在我所知道的內容裡，我強烈推薦以下這些人的投資建議，包括我的好朋友菲爾·德穆斯（Phil DeMuth），以及華倫·巴菲特（Warren E. Buffett），和約翰·柏格（John Bogle，他是先鋒基金的創始人，該公司為低成本的指數投資設立了全球性的衡量基準），他們都已提供了簡單卻偉大的投資建議。《聰明投資50年》（*John Bogle on Investing:The First 50 Years*）是投資方面的最佳參考書。如果只能選一本書的話，那它可能就是你最應該的選擇。

市面上有眾多彼此觀點衝突的投資類書籍，讓人根本不知道應該如何挑選，我們又何必在這方面費心為難呢？

不幸的是，投資就好像把錢拿出來放在一個地方，其他人也可以從這個地方把錢拿走。這有點像人們對馬戲團之王巴納姆（P.T. Barnum）的評價，「每分鐘都會有一個傻瓜出現，還有兩個人一哄而上跑去追隨。」

遺憾的是，這兩個人往往是律師，更常見的情形是，他們都是投資界的人。人們從別人那裡拿錢的花樣和手段簡直是無所不用其極。例如透過新聞刊物、各種座談會、軟體，還有各種收費不菲的投資指南，有時候人們稱其為避險基金（hedge funds），有時候則頂著其他的名號。

通常操作這些投資計畫的，是那些真心希望幫助投資者的人，而他們也確實做到了這一點。要說那些幫你打理投資的人都是小偷，可不是公允的評論，我也很「高興」能夠經常與這些人合作，他們在保護投資者方面做得相當出色。

但還有更多的人出於各種動機，大多是

由於人性自利的驅使，當面對自我利益與他人利益的選擇時，基本上會毫不猶豫地選擇前者。

我的先父赫伯特‧史坦（Herbert Stein）智商超高，是世界知名的經濟學家，創立了米爾肯定律[2]（Milken's Law）。他認為，該定律可以用來解釋公眾所面臨的投資決策問題。米爾肯定律的邏輯是：常數ME總是要優先於變數U。

這實在令人沮喪，卻是事實。

過去這些年來，我撰寫並出版了很多本書，以幫助投資者做出穩健的決策。我還發表很多演講，數量之多讓人難以置信。我總是希望傳遞關於投資的基本常識。但聽眾通常不願意聽那些基本的內容。他們喜歡新潮時尚的內容，而一旦把注意力放到這些東西

2　又稱史坦定律（Stein's Law），發表於1976年，用以分析經濟趨勢，即「如果某事不能永久持續，它將會停止」。—— 編者注

上，他們往往就會犯錯。人們有時候犯下大錯，經常就是因為他們信任的人指示他們這樣做。

因此我猜測，面對投資者們做出明確的投資提示，通常效果並不好，或者不會取得理想的結果。

如今我嘗試採取一種略有不同的方式。我提出一些會導致投資價值減損的辦法。你沒看錯，我提出的辦法會減損你的投資組合價值。有可能出現的情況是，如果看到自己正採取這樣的一些措施，你也許會縮手，想一想是否真的希望減損自己的投資價值。或者你並不希望這樣。我知道就自己而言，除非是反覆被灌輸上百萬次，否則我是根本不會長記性的。也許本書改採用的這種辦法可以發揮更加有用的效果。

很久之前，當我還是理查·尼克森（Richard Nixon）的演講稿撰寫人時，我總是認真觀察他的演講，並從中學到重要的一課：當演講者開始講話的時候，聽眾唯一希

望的就是讓他趕緊結束。

對於那些如何減損你投資價值的書籍來說，這應該也同樣適用，因此我們馬上進入正題，這樣你也可以馬上「得償所願」。

───────────────

01

頻繁交易

你一定去過賭場，也看過曲棍球比賽，還看過網球比賽，你知道這些與「行為」相關。在這些運動中，常常會出現快速的變化、戲劇性的反轉、突然的改變，這就是它們激動人心的原因所在。

如果遵循約翰·柏格、華倫·巴菲特、班·史坦以及菲爾·德穆斯的投資建議，即投資於寬基指數基金[3]並長期持有，整個過程是很無趣的。這個過程也很緩慢，就如同眼睜睜地看著油畫變乾一樣。

但為什麼還要這樣做呢？歷史資料顯示，透過簡單購買指數型基金並長期持有，因此而取得的投資績效要優於頻繁交易。類似的例子數不勝數，過去幾十年間從來沒有例外，這意味著什麼？有證據顯示，在股票市場上不停買賣帶給你的收益，要比購買並堅持持有的收益低很多。

　　如果頻繁交易的話，還不如把錢藏在枕頭底下呢！這種情況意味著什麼呢？如果說，這不僅適用於有著八十年股票交易歷史的美國，也適用於全世界擁有上市公司的國家，這意味著什麼呢？這能啟發你進行怎樣

3　按照美國證券機構的標準，寬基指數一般需要達到幾個條件：1.含10檔或更多檔股票；2.單個成分股權重不超過30%；3.權重最大五檔股票累計權重不超過指數60%；4.成分股平均日交易額超過5,000萬美元；追蹤寬基指數的基金即為寬基指數基金，寬基指數基金透過買入成分股構成投資組合，這樣就能夠有效分散風險，險免個股黑天鵝。而且透過權重的設定，能夠降低某一檔股票或者行業權重過重的風險。

的思考呢？

投資指數型基金並長期持有，由此所取得的會是普通投資者的平均投資收益，但你並不希望僅僅取得平均收益。你可不是像約翰・喬（John Q.）這樣普普通通的投資者，你是超級投資者，你希望取得、而且你也可以取得超級投資收益。

而從定義來看，如果僅僅是購買並持有整個市場的投資商品，從長期來看只能獲得整個市場的平均收益。你猜會發生什麼？你對此會不滿足，這離你的期望也差得太遠了！

於是，你勇敢地衝了上去，一往無前地頻繁交易。

我們有很多種辦法可以讓你頻繁交易。以下就是一種典型方法：購買一種最新的專業交易軟體，把它安裝到老式的蘋果電腦裡，打開電腦，然後就隨心所欲地交易吧！

開發這些電腦軟體的人完全明白自己在幹什麼，他們並不是在騙你，他們都是超級

富豪，他們正是用這種方式致富的。是的，他們也都很低調，但是要說到在投資領域的成功度，他們與華倫·巴菲特的差距還真不只是一星半點的距離。

然而他們這樣做是有原因的，不是嗎？是的，當然了。如果不是，他們為什麼要告訴你如何進行投資交易呢？如果不是，他們又怎能夠天才般地開發出如此優秀的軟體並推向市場，讓眾多投資者使用、打敗市場呢？他們可都是賺錢天才啊！這話我可是跟你說過無數次了。

他們才不是那些卑鄙、小氣，如歐巴馬說的對社會無益處的億萬富翁呢，他們是慈悲為懷、寬容大度、超級優秀的一群富人。他們希望與你分享投資的祕訣，這樣你就也有可能成為億萬富翁俱樂部的一員。

他們販售的這些軟體，不是根據銷售量或下載量而收費的，這些只是小錢，而且這樣做也侮辱了他們的身分。這些錢對他們來說簡直是九牛一毛，他們透過優秀的投資技

巧和交易本領，為自己賺的錢多達數十億甚至上兆美元。因此他們出售這些軟體，目的可不是為了「賺錢」。

當然，他們這樣做並非沒有原因，而且原因只有一個，他們希望你也能賺錢，這就是他們「真心實意」的期待。

而你怎樣才能「賺錢」呢？就要靠迅速、頻繁的投資交易活動了。

平心而論，買了這些軟體並嚴格按其行事的投資者難道都沒有賺錢嗎？仔細留意那些軟體的廣告宣傳吧！好好看看廣告訊息，多用心琢磨。下單購買這些軟體，直奔交易大廳，然後就等著數錢吧。

或者，也許你並不需要這些軟體，你只需要仔細觀看全美廣播公司財經頻道（CNBC）一大早開播的電視節目，然後按照他們為你量身打造的致富之路進行投資就行了，他們可是每天、每時、每刻都會向你灌輸這些訊息的。

節目上的嘉賓總能掌握最新的內幕消

息。在高頻交易員或者避險基金操作者發覺之前，他們就能夠提供給你完整準確的市場消息。

他們掌握了市場全部的小道消息，如果及時按照他們的指導行事，那你的投資賺錢就是「確定無疑的」。

在美國絕大部分地區，人們收看全美廣播公司財經頻道節目都是免費的。這些節目就如同擁有一大口油井，或是儲量豐富的頁岩氣礦一樣，蘊含著豐富的寶藏，你只需要觀看它，留意各種訊息，然後自然就會成為「投資高手」了。

例如，如果你知道一家公司即將要或剛剛發布較好的業績數據，那就要買入這家公司的股票，而且要馬上買入！

嗯，讓我們先緩一緩。俗話說得好，「謠言四起時買進，消息證實後賣出」（Buy on the rumor and sell on the news）。因此，當聽到某公司有好的業績時，也許你應該賣了。這需要視情況而定，但不管怎樣，你都

需要立刻做些什麼。

同樣，如果公司沒有達到獲利目標，你也要採取相應的措施。現在就會有個小問題：對於那些沒能達到獲利目標的公司來說，它們的股票價格有時大幅下降，而有時則大幅上升。當然，這並非是你 —— 作為一名忠誠的全美廣播公司財經頻道觀眾 —— 的問題。你只需要認真觀察和聆聽問題股票的市場動向，然後按照相反的方向操作，或者你也可以同向操作。

總之，沒有關係，你只需要馬上做些什麼。要麼按照市場趨勢隨波逐流，要麼反其道而行。這也許讓人感到有點困惑，但無論如何，總得做點什麼吧。

隨後，市面上的雜誌和報紙，各類專欄和專欄作家會湧現出來。對於特定股票的價格走勢，他們往往掌握著一些小道消息。

這時候要注意了，這些人可都是「聰明人」。在紐約這座大都市的辦公樓中，他們能夠擁有自己的一席之地，就絕對不可能

智力平平。他們可都是「肚子裡有料」的人物。他們對股票價格波動的敏感程度之高，就如同隔著近百公尺還能射中蒼蠅的眼睛一樣。他們掌握的市場消息，可不僅僅是市場消息靈通人士向專欄作家透露的小道消息，對此你根本無須擔心。

與專欄作家的消息相比，這些大人物們通常都是反向操作的，對此你也無須擔心。你只需要進行投資操作就行了。

同樣的，當網站上有什麼新消息的時候，你也要有投資操作。敘利亞有戰爭嗎？這可能會造成油價波動，一定要進行投資操作！

市面上是不是有謠傳，說以色列跟伊朗已經到了緊要關頭？別裝作對此毫不知情，你要及時跟進，不停地操作、操作，再操作，沒有什麼假如、而且、但是。

是不是有個總統候選人看起來勝算不小，並且他宣布針對石油公司的稅收法令？那就馬上出脫手頭的石油股票吧，或者買入

也行，因為「謠言四起時買進，消息證實後賣出」。

西非的幾內亞比索（Guinea-Bissau）是不是遭受了惡劣天氣的威脅？在以上的狀況下一定會發生買賣交易，就堅決買入或者賣出股票吧。一定要緊緊盯著報紙上的各類消息，並根據這些訊息進行「頻繁的股票投資操作」，這才是大人物的操作方法。你也希望跟大人物一樣，不是嗎？

對於全美廣播公司財經頻道、以及其他可靠的消息管道所報導的大型避險基金的交易行為，你也要密切關注。

我要提醒你一點 —— 雖然我知道這類警告對於像你這樣的行家來說，可能有點太煩了 —— 你根本無須擔心的是，當這些億萬富豪讓你買入的時候，他們可能正在賣出；而他們告訴你賣出的時候，他們可能正在買入。他們根本「不會這樣做」，他們都是華爾街的大人物。這意味著，他們說的話，就跟他們推銷的債券一樣「可靠」。

如同那些販賣交易軟體的人一樣，他們的所作所為，目的並「不是」為了賺錢。他們是要幫助你成功。他們還能有其他什麼動機呢？自然「不可能」是把你這樣的好人狠狠地捅上一刀啊，不是嗎？

報刊專欄作家也都發誓他們是為了幫你。他們對自己的事業毫不用心，對於巴結那些所謂的華爾街富人也沒什麼興趣，根本不在乎後者可能給他們的打賞。是的，他們一心一意地希望幫你，這就是他們唯一的動機，他們都是作家啊，他們可都是靠「良心」吃飯的。

此外，對於在《華爾街日報》（*Wall Street Journal*）或者全美廣播公司財經頻道上的建議或是小道消息，儘管當天可能有一億人看到並據此採取了投資行為，你也根本不用擔心。是的，不用擔心。他們的建議依然及時、依然有效。採納這些建議吧，據此做出投資決策吧，你會從中得到許多樂趣，你會「大賺特賺的」。

也許，這才是我該給你的投資祕訣：你根本不需要任何投資建議 —— 無論是全美廣播公司財經頻道、報紙雜誌還是投資項目的，統統不需要。你自身的感性和直覺就足夠你做好各項投資了。

是這樣的，當看到電腦螢幕上頻繁刷新的股票名稱，讓你的指尖產生一股買賣衝動的時候，如果能夠與導演喬治・盧卡斯（George Lucas）說的「力場」[4]（force field）同步協調，你就會知道如何操作了。如果你具備這種力場（你確實是有的），你就會知道何時進行買賣操作（更重要的是買賣哪些股票）。

4　盧卡斯執導了電影《星球大戰》（*Star Wars*），經典台詞是「願原力與你同在」（May the force be with you）。其中「原力」（the force）指脫離物理法則之外的力量，能讓人具有心靈感應的能力或僅憑意念移動物體。作者此處意在反諷投資者的妄想。—— 編者注

我恰巧知道一位年輕人，他剛剛繼承了一筆遺產，擁有一台電腦，並接上寬頻網路。因為覺得很刺激，他很快地迷上了高頻操作。最後結果怎樣呢？他最後一貧如洗，他的父母不得不把房子進行二次抵押，以此來償還兒子的債務。但這當然不會發生在你身上啊！沒有任何可能性，你從一開始「就會賺大錢的」。

因此，不要傻坐在那裡等油畫變乾。站起來，不停地操作、操作、操作吧！

順便提一句，這樣還有一個意想不到的附帶好處：無論你雇用哪位經紀人，他都會愛上你的。

他都會成為你的好朋友，打電話給你，表示謝意，寄給你五顏六色的宣傳廣告，這樣你就會更加頻繁地交易。他甚至還會寄給你每年的日曆和生日賀卡，他也一定會寄聖誕賀卡給你的。

一定要盡早、頻繁地交易。這就是AI人工智慧技術AlphaGo的交易方式，而你正是AlphaGo這樣的交易者[5]！

5　AlphaGo是基於大量優質資料進行深度學習，繼而能頻繁快速做出優勝決策，但這卻是人類所難以企及的。——編者注

02

從事外匯交易

　　也許你還記得聖經新約中有一節，講的是耶穌清理神廟的故事，他把在耶路撒冷神廟裡開設店舖的貨幣兌換商給趕出去。是的，猜猜看？他們又回來了，也許並沒有回到神廟，但他們終歸是回來了。

　　這些從事貨幣兌換的商人們，確實又回來了。（重回到各類俱樂部、珠寶交易所、人們心裡，而且還都是沒有王牌的遊戲）。他們已經完全準備好了，伸出熱情的雙手歡迎你加入他們的菁英團隊。

他們的團隊可真是陣容奢華。你可能並不清楚，外匯市場目前已經是全球最大的金融市場。該市場在全球7×24小時運轉不停、全天交易。無論是聖誕節、復活節，還是任何其他節日，都是如此。

　　對於那些希望時時刻刻都參與投注，尤其喜歡大手筆下注的人來說，這可是世界上最刺激好玩的賭場。儘管沒有身材性感的基諾女郎（keno girls），玩牌的時候也沒有人提供你免費的飲料，也沒有免費的水牛城辣雞翅（Buffalo wings）可以享用，但你可以擁有全球這個巨大賭場。

　　這個賭場富有異域風情，迷人之處遠勝於拉斯維加斯。這個賭場遍及全球，整個世界都有它的蹤影：名稱奇異的異域、遍及全球的各國貨幣。來自中國、日本、俄羅斯、阿根廷、歐洲、北美洲等各類貨幣，無不牽涉其中。

這些貨幣之間的兌換交易日夜不息，它們之間的流通永無休止。日元（Yen）、人民幣（Renminbi）、披索（Peso，菲律賓貨幣）、美元（Dollar）、英鎊（Pound）、歐元（Euro）、茲羅提（Zloty，波蘭貨幣）、福林（Forint，匈牙利貨幣）等，這些貨幣無處不在。

全世界的貨幣超過100種之多。而且絕對沒有人 —— 我敢肯定沒有一個人 —— 知道這些貨幣去了哪裡，去往哪個方向，資金量多大；也不知道交易將持續多少秒、多少分鐘、多少小時，或者多少天。

這些交易者作為地球上最聰明的一群人，擁有最全面的金融和國際經濟學知識，但他們依然不知道這些貨幣最終將去往何方。

一個國家貨幣的價值，取決於該國利率與他國利率的對比，取決於該國的貿易盈餘或赤字，取決於該國的經濟健康狀況，取決於該國礦藏儲量的市場謠言或內在真相。

推動貨幣價值變動的，既有政治因素，也有軍事因素。人們對經濟健康狀況的擔憂也會擾動貨幣價值。

實際情況更加複雜。因為你總是在不停地買入或賣出貨幣，交易的貨幣可能有一種或多種。

每種貨幣的匯率每時每刻都是波動的，就好比如果有一個孩子粗野懶惰，那麼他父母的血壓就會變得忽上忽下一樣。

這也好比從100萬隻螞蟻當中挑出一隻來，試圖預測這隻螞蟻將活多久，或預測在某一特定秒／小時／天之內，這隻螞蟻會在哪團螞蟻堆裡。

還不止於此，這其實就像是從一堆沙子裡面挑出一粒來，試圖預測沙塵暴來臨的時候，這粒沙子將被捲入哪一平方公尺的具體範圍之內。

這就說明，即使是最聰明、受到最好培訓的那群人，當他們告訴你貨幣價格的走向時，可能也只是在瞎猜。

也就是說，如上所述，沒有人（我的意思是，絕不可能有人）知道，從現在開始的一天裡，或者是一週之內，一種貨幣價格將如何變化。

麻省理工學院（MIT）學術排名最高的數學博士對貨幣價格做出預測的準確性，就大概相當於他現在猜測一個月之後的天氣一樣。

高盛（Goldman Sachs）和摩根士丹利（Morgan Stanley）等大型投資銀行擁有全球薪資最高、智商最高、教育水準最高的一群雇員，他們許多人都從事外匯交易業務。他們的辦公地點在紐約、巴黎、倫敦、東京等全球各地。

毫無疑問，他們配備了速度最快、動力最強的電腦辦公設備。他們能夠模擬出各種場景和可能性，他們可以動用的基金規模，在一定程度上甚至可以說是無限度的。

他們還能夠蒐集到各種內幕消息。他們在全球各地擁有大量的人手，能夠及時就

各國最新發生的事件進行報告和回饋。他們擁有金錢、財產、聲譽等所能得到的一切物品，以此來幫助他們在外匯交易上獲利。

即便如此，他們依然經常賠錢。有時候一個交易員就會造成數十億美元的損失。這些流氓交易員可能在紐約，可能在東京，也可能在巴黎。他們可能會吸引媒體的關注，有時候甚至成為頭版頭條。

但是，高盛和摩根士丹利以及所有其他投資銀行依然樂此不疲，持續參與外匯交易活動。

你自然可以從中琢磨出一點門道來。這會讓你知道，外匯交易能否獲利，在很大程度上是命運的安排。

但是 —— 這裡的「但是」要強調一下 —— 這就意味著那些決定日元兌換人民幣走勢，或者兌換英鎊或茲羅提走勢的人，很可能就是你。

如果沒有人能夠徹底搞清楚，如果高盛那些最優秀、最聰明的人都搞不定，那（也

許）從事外匯交易就如同是購買大樂透一樣。（也許）這項投資並非藝術，也並非科學，而完全是運氣。

說到運氣，你難道不會經常購買大樂透嗎？你不是有時候能夠中獎，即使只會中幾百元嗎？

在內心深處，難道你不認為自己是一個十分幸運的人嗎？

這就是說，你也可以夜以繼日地坐在自己的房間裡，盯著電腦螢幕，試圖找到外匯投資的祕訣。而你一旦有所收穫，就能夠一飛衝天。

你可以立即在不同國家進行外匯交易。你可以做空某種貨幣，或者認定這種貨幣將會走低，同時做多種其他貨幣，認為其將走高。

你甚至可以借入資金，透過槓桿來獲取更多的獲利。你可以進行一系列的交易活動，一旦現實情況都如你所願，那你就可以輕鬆賺取不計其數的錢。

你也可以參與貨幣交易、債券交易、商品交易和期權交易，任何交易都可以手到擒來，而且總是能夠找到交易對象。

如今全世界已經成了一個巨大的賭場，而當涉及外匯交易時，賭注就又翻了一倍。

是的，我知道你會問什麼問題。「有沒有哪個電腦軟體可以讓電腦完成複雜的工作，而不用我去參與？無論如何，我還要看足球比賽呢。」

當然了，有很多人會有這樣的想法。軟體簡直無處不在，你甚至可以買來多套軟體，看看這些軟體的設計理念是否能夠適應複雜的外匯交易要求，要知道，這些軟體都是考慮到人類思維的各種情景，並根據最新的市場訊息，透過線上計算模擬而成。

如果這能夠發揮作用，用巴菲特的比喻來說，這就像把桶裡的水排乾淨，魚也停止掙扎之後，然後在桶裡抓魚一樣簡單。

是的，確實如此。請「一定要」從事外匯交易，並把外匯交易當作你投資組合中的重要組成部分。

03

堅定地認為自己能夠選股

　　「你是真心想要有錢嗎？」這是伯尼‧科恩費爾德（Bernie Cornfeld，後來被證實為詐騙犯）在唬弄聽眾購買自己的產品時會問的問題。他所謂的「基金中的基金」（funds of funds），就是拿投資者的錢去購買多種共同基金（mutual funds）產品。在大多數甚至全部情況下，科恩費爾德都會向投資者收取極高的管理費，而如果投資者自己買這些產品的話，只需要花很低的手續費。（當然，與當前避險基金經理們所收取的費

用相比，這些管理費只是微不足道的小錢，但那是另外一回事。）科恩費爾德自己確實是希望有錢的。他拿自己賺來的錢（他自認為是他賺的）購買豪宅。最終，在遙遠的瑞士，他因為詐騙而銀鐺入獄。

這些都是題外話，但他提出的問題確實值得我們深思：你真心想要有錢嗎？

如果答案是肯定的 —— 又有誰不想有錢呢？—— 那你就必須行動起來，並且要全力以赴。這就意味著，你應當努力選取特定的股票，確保其投資績效優於市場整體表現。你並不想只是購買寬基指數基金，例如道瓊鑽石（Dow Diamonds）指數基金（該指數通常可以追蹤30種道瓊工業平均指數的整體表現）。但肯定的一點是，如果幾十年前你購買了這類指數型基金並長期持有，那你所取得的收益將遠高於任何共同基金或投資經理的投資收益。市場數據對此具有壓倒性的說服力。

除非是極特殊的情況，否則受過最好

培訓、智商最高的投資經理們的投資績效，從長期來看都無法與道瓊指數的表現相提並論。

這意味著你的投資績效只可能與市場表現保持一致，你的投資收益至多與市場持平。但你可不是普通人，為什麼你的投資績效只能與市場持平呢？

你無須介意：與道瓊指數長期保持一致帶給你的投資收益，會使你的投資收益比任何選股者都要高得多。在這一過程中，你那些高爾夫球場上的朋友會認為，你的投資收益不過泛泛，而對此你又何須介懷？

同樣地，你也不希望購買指數基金蜘蛛（Spiders），它近乎複製了（並非完全一致）標準普爾500股票市場指數型的基金產品（通俗來說，即美國500家最大上市公司的股票指數）。

歷史數據顯示，儘管有一些年分，選股者的投資績效要優於標準普爾500指數的表現，但從長期來看，沒有人能獲得比「購買

並持有這些指數型基金」更好的投資績效。2008年，因銀行業和房地產業危機所引發的市場躁動和恐慌背景下，有不少基金經理的投資績效要比指數基金蜘蛛更好。這是因為，蜘蛛指數中很大一部分權重都是銀行和金融股，這些部門在2008年金融危機中遭受重創，而早在最壞的市場衝擊之前，敏感的基金經理們就已經把這些行業的投資賣出退出了。

無論如何，從長期來看，即使是金融危機之後，直至我在著手寫作本書的2012年春天，根據獲得的資料來看，標準普爾500指數的表現，要遠遠好過絕大多數共同基金及避險基金。

大型指數型基金超過選股者績效的驚人表現，並不能掩蓋這樣的事實：你不過是個普通的投資者罷了。你的投資績效跟普通投資者的並沒有什麼兩樣。

當然，我們對「普通表現」的定義並不是指普通投資者取得的平均投資績效，而

是指整個市場的平均收益水準。按照這個定義，指數績效超過普通投資者的程度確實是相當有限的。

埃默里大學（Emory University）有一位天才教授伊利亞．迪契夫（Llia Dichev），他跟其他天才研究人員一起證明了一個長久以來顛撲不破的事實：普通投資者對單一股票進行頻繁交易所取得的投資收益，要遠遜於簡單購買並持有大量指數所取得的收益。二者的收益差別是如此之大，以至於透過選股來進行股票市場投資極不划算。因此，如果你在股票市場頻繁買賣，那上述懸殊的收益終將會使你退出股票市場。

實際上，就在我寫下這些話的時候，投資界真正的超級天才華倫．巴菲特剛剛發布他的波克夏．海瑟威公司（Berkshire Hathaway，簡稱BRK）年度報告。該報告再次重申了巴菲特10多年來一直推崇的理念：即使是像巴菲特這樣的投資天才，也不可能長期跑贏市場。事實上，就他選股投資的長

期結果而言，儘管收益曾經一度飆升，但是自從波克夏‧海瑟威公司成立以來，如今已經很少能夠超越標準普爾500指數的整體表現。這一引人深思的現象，將令每一個選股者三思而行。

就像在校園裡欺負和戲弄你的不良少年，不斷地說你就和弱雞一樣弱，說你只能以一般投資收益為滿足。

你甚至還可以看看更廣闊的指數指標，像是囊括了全美國所有股票在內的指數，例如羅素指數（Russeli Indexes）或者威爾遜指數（Wilshire Index）。這些指數涵蓋了所有可投資的股票，能夠使你的投資績效更加亮眼。把你的投資績效（特別是你購買並持有的情況下）與一般選股者相比，你的績效表現將尤為突出。如果能夠購買最廣泛的投資組合，並且終生持有，那麼二者的差異將會更大，你的投資績效也會更加優秀。

市面上甚至還有囊括全世界股票的指數。舉例來說，先鋒整體股市指數

（Vanguard Total Stock Market Index， 簡稱 VTI）就幾乎涵蓋了全世界任何地方、任何規模的上市企業的股票組合。你可以買入那些上市公司的股票，並在全球各地獲利：從瑞士到南非、西班牙、瑞典，從美國到烏拉圭、烏克蘭，從大不列顛到以色列。

這一基金的表現，受到諸如歐債危機等各地區危機事件的影響，但從長期來看，如果歷史可以給我們提供一些借鏡的話，你的這筆投資所取得的投資績效，將令那些普通投資者甚至是優秀投資者都羞愧不如。

但是，我還得再重複一次，一如那些在校園單槓旁殷切期盼你嘶吼吶喊的不良少年，依舊會短視地認為你取得的投資收益不過就是平平之資。

但駭人的真相是，那些不良少年的話並非沒有道理。雖然你投資指數型基金取得的收益要比普通投資者的收益更好一些，但它不會是（曾經）造就華倫·巴菲特或者賽思·卡拉曼〔Seth Klarman，包普斯特財務

管理集團（Baupost Group）的知名避險基金經理〕的那種收益。你所取得的投資收益，對一個常人來說已經足夠好了，但這又把我們帶回最開始的基本問題上：

你並非「一般人」，不是什麼「普通的尋常人」，你不願意僅僅取得普通收益。你在內心很清楚地知道，相比普通投資者，你大幅度領先他們，你甚至可以把普通的指數甩出去好幾條街。你屬於上等人，當然應當獲得超級收益。

你並不想要那些當前表現不錯的股票，而是希望買入下一個超級股票，例如下一個微軟（Microsoft）、下一個Google、下一個臉書（Facebook）。你希望自己買的股票價格翻一萬倍，由此使你懷擁歌舞女郎成為洛杉磯豪華住宅區貝沙灣（Bel Air）某處房產的所有者，而當你步入全世界任何一家高級酒店時，都會有服務生對你鞠躬哈腰。

這也就是說，你必須超越指數（遠遠地超越）。要想做到這些，你就必須捲起袖子

身體力行地做基礎研究，進行深入分析，直至挑燈夜戰徹夜無眠，如此這般後才能抵達伊甸園之門（Gates of Eden）。

現在，和那些校園不良少年一樣，同樣是敗壞他人興致的人，他們曾經說你的投資績效很一般，現在會跟你說，已經有成千上萬的人借助投資類書籍的指導，在發掘未來偉大公司的途中高歌猛進（「知識」絕對不能被浪費）。而即使把地球上存在的各種工具和技巧都掌握在手中，要想透過選股打敗市場，依然是不可能完成的任務。

還是這幫小氣鬼，他們告訴你那些人（或者說跟他們類似的一群人）替我們購買的是2000～2001年令人血本無歸的網路垃圾股，還有2008～2009年時很多財務糟糕公司的股票。數十年來，實際投資績效已經讓華爾街的大佬們一敗塗地。（何謂指數型基金投資者？其實也就是被現實一次次打臉的選股者。）

此外有人也許會說，正是這同一群人，

他們在大型共同基金和銀行信託部門工作，他們取得的投資績效根本比不上指數型基金的表現。

幫市面上一堆所謂的「從頭學習投資系列」專欄撰稿的人，以及在電視節目上推薦股票的人，從長期來看，他們基本上都沒有什麼作為（你什麼時候該賣出？就是在他們說買入的時候）。這些口是心非的傢伙會讓你知道，根本就沒有什麼超越市場的好辦法。（這還是其中比較好的，有些壞蛋會教你追逐遠高於平均收益的方法。）

不要聽他們瞎扯！你自己就可以選股，並且超越市場表現！

你根本不需要各類資料和大型電腦設備。你所需要的，僅僅是對自己的欣賞，對自己那瀏覽網路上股票清單的指尖予以信任，以及自己認為何時應當買入賣出的感覺。

你需要的正是（且只是）這種感覺 ——
並非理性的智慧或是經驗 —— 才能指引你
買入下一個臉書，買入下一個波克夏・海瑟
威，買入下一個微軟。你當然可以「成功」
選股。

04

認為近期的市場趨勢會一直延續

現在網路股很熱門，對吧，但1999年是不是也很熱門？或許你會認為網路股當前的熱門將一直延續下去。即便以史為鑑，它們曾經歷低谷，但你還是堅信它們終將東山再起。

你是否認為很多股票從低谷恢復至巔峰價格並非遙遙無期。你是否有這樣的思維定勢：目前很熱門的股票會一直火下去。

就在我寫下以上這段話的時候，社群媒體股票是不是也很熱門？你是否認為它們

也會一直熱門下去，以至於你可以買入並到銀行進行質押。如果你執念如此，那就盡你所能地買入社群媒體股票吧，但願你永無悔時。

牛頓第一運動定律認為，運動中的物體將持續運動下去。如果你照本宣科地以此解釋股票，那你一定會堅信當前很熱門的產業未來一定會熱門下去。

除此之外，還有一個顛撲不破的事實，熱力學定律明確說明，當某一物體的溫度高於周圍環境的平均值時，其溫度就會逐漸回歸至該平均值。

也就是說，即使是很熱的物體，也終將回冷至其所處環境的平均溫度。

但你肯定認為熱力學定律並不適用於投資。相反，你會不斷投資那些當前熱門的股票和基金，並堅信它們會一直熱門下去。

我的朋友迪契夫（Dichev）教授及他很多的同行，早就明確地以很多事實和過往歷史說明，當某一檔股票、某個產業或整個資

本市場狀態熱絡的時候（迪契夫通常研究的是整個市場），它早晚會冷卻下來，甚至有時候會直降至冰點。

因此，當流入股市的資金量達到頂峰，當股票市值升至不正常的水準 —— 那就到了市場該走下坡路的時候了。

1960年代的「漂亮50」（Nifty Fifty）就是典型的例子。這50檔股票諸如全錄（Xerox）、柯達（Kodak）以及立頓（Litton）等在當時都極熱門。

它們在當時代表了未來的潮流，這意味著，你如果買入這些股票，將不會有任何損失。然而，這些股票價格急轉直下，而且很長時間都沒有恢復過來。

全錄公司的發展很差，它們發明了Windows操作系統，但並沒有發現其商業應用的可能，把它幾乎是白送給了一個叫蓋茲（Gates）的傢伙（而且從此再也沒有人聽說過這家公司的名字）。

柯達公司的發展也很差，因為它們沒有

預見到數位相機時代的到來，也沒有預見到富士（FUJI）公司的崛起。只有IBM公司一直表現得還不錯，其他公司可就好壞參半了。

這些「漂亮50」的公司發展很差：它們當中的大部分都嘗到了「均值回歸」（reversion to the mean）的苦頭。

你肯定在金融或統計學課上學過「均值回歸」吧？它是一個簡單的規則：如果某檔股票或者隨機世界中的任一事物──股票當然是其中之一──偏離平均水準（例如說均值），那它最終將實現均值回歸，而均值是基於長時期內的數據計算出來的。

然而「均值回歸」肯定不會發生在你身上。你的世界獨一無二、不同尋常，以至於金融熵（financial entropy，熵指不確定性的數學度量）、甚至其他任何隨機或正態法則，都不會發生在你身上。

因此，你完全可以一往無前地在當下炎熱的股票上孤注一擲，且永無悔時。

「均值回歸」也適用於整個股票市場。如果股票市場火熱，鑑於指數股票型基金（ETFs）以及指數型基金的存在，投資者完全可以買入所有股票。

但這是規矩的書呆子們才會採取的投資策略。如此前所說，像你這樣可以自行選股的「投資天才」肯定能跑贏市場，如若再按照上述方式投資股票就顯得太沒頭腦了。

如果你堅持購買指數型基金而不是自行選股，卻執著地認為，股票市場現在的火熱會一直持續下去，那你大可只信奉一點：最好的購買時機就是當市場熱度沸騰的時候。

對此，約翰‧柏格和華倫‧巴菲特，以及另一位無與倫比的才子菲爾‧德穆斯，甚至包括悲天憫人的先父老班‧史坦（old Ben Stein）都曾經指出：股價的大幅上升通常是由於公司利潤的增加，但還有一個可能，就是市場先生（Mr. Market）高估了這些利潤。

也就是說，股票是基於公司利潤的倍數而非真實利潤來交易的。

當利潤提高的時候自然皆大歡喜，但是當整個世界普遍認為好光景將一直持續下去，並對公司利潤值的預估提高了數倍時，那一切就會變得躁動起來。

舉例來說，牢騷滿腹的愚公們如果認為對股票或者整個經濟應謹慎以待，那他們所謂的謹慎就是將股價定為公司利潤的8倍。

1970年代至1980年代初期，在當時通貨膨脹肆虐的糟糕日子裡，這正是人們對股票價值的評估方式。

即便必須以史為鑑，但那些頑固任性的投資者依舊堅稱，如果你在低風險的國庫長期債券（Treasury Bonds，T-Bonds）投資中能有10%的收益率（很久之前，國庫長期債券被認為是一種安全的理財產品），那在一切皆有可能的股票投資中，你為什麼不願支付遠超過公司利潤8倍的股價呢？

那些刻板守舊的人會天經地義地認為，當債券的收益率是10%時，高收益的股票就應該是12.5%。

但是在雷根、布希、柯林頓執政的年代，美國正朝氣蓬勃地發展，股票市場前途無量。

沒有通貨膨脹，公司利潤節節攀升，因此股票價格有什麼理由不遠高於公司利潤的30倍呢？畢竟，當你最初買入股票的時候，其收益率為3.3%，但在短期內，公司利潤肯定會迅速增長，使你的股票收益率達到10%。

既然如此，為什麼不把那些可預見的必然增長表現在當下的股價中？為什麼不瘋狂買入？人們由此斷然認為，此時的道瓊股票市場價值不是1,000點，而應該是6,000點！

當時，華爾街上那群人拿香檳酒來清洗自己的賓利車。當時，曼哈頓和格林尼治的每條人行道上都有大把的金錢俯身可拾。

你一定要堅信，當這樣的好日子到來的時候，在未來也一定會持續下去。因此，你肯定能完全理解以下的話：在股票市場炙手可熱時買入，且堅信，買買買不要停，跌跌跌不可能。

05

市場低谷時迅速賣出

　　沒錯，在市場火熱時大筆買入，與此同樣重要的是，當市場冷卻時要迅速賣出。如果股票開始大幅跳水，那就是賣出的時候了，而且行動一定要快。股市根本不會見底，真的，除非股價跌到零，而且當股市達到零點的時候，你也一定不想還置身其中吧。

　　此外，你那些已經賣出手中股票的朋友們也會提醒你趕緊出手，而你自然也會從「善」如流。順便值得一提的是，回想以前

我還清楚記得，當我因股票市場行情不好而沮喪的時候，前來安慰我的朋友們說他們已經逃頂獲利，這些事情想來真是很有意思。這些人當然都是好朋友，而且他們也確實希望你好。母親曾告訴我，她的朋友們如果賣股的時機十分恰當，總是會讓她知道，而如果賣出時機選擇不當，則閉口羞談。此外，她的朋友們會大談特談那些走勢好的股票，但對走勢不好的則閉口不談。她說得很對，因為很顯然，並非所有人都能夠在股市投資中步步皆贏，否則所有人都是億萬富翁，而且也不會有人賠錢。但我們知道上述兩種情況都不符合現實。

我想表達的主要意思是，當從財務角度、經濟角度，甚至是政治角度來看，事情發展不如意的時候，就你的股票而言，除非是價值降到零，其他再糟糕的情形都有可能發生，認識到這一點至關重要。

想一想小大角戰役（Little Big Horn）中的庫斯特（Custer）將軍吧。半小時之內，

他的士兵被埋伏的美洲原住民給消滅殆盡。你能確定這種情景不會發生在你身上嗎？顯然不能。

這就是說，當事情看起來不妙的時候，你就應該清倉了。

我跟好哥們菲爾·德穆斯曾經合著過一本書《抄底：把握市場時機》（*Yes, You Can Time the Market*；書名暫譯）。這本書詳細描述的是，普通投資者恐慌並賣出的時候，恰是在錯誤的時間點上。他們所犯的錯誤可以用社會科學家所說的近因偏差來解釋，他們堅信，無論近期發生什麼事情，未來都將持續下去。正是基於同樣的偏見，投資者們在市場偏好時大筆買入，直至將市場指數推高到難以持續的高度。

菲爾和我所記錄的情況也曾經見諸其他人的筆下：當衡量市場價值的本益比（Price-to-Earning Ratio，P/E 或 PER）較低時（與過去數十年間的歷史估值相比）通常才是可以買入的時機，而並非賣出的時機。

但是（隨後我們將對此深入探討），當你面對股價下跌時，肯定會認為這次與以往並不一樣。這一次，市場真的而且確實會跌得深不見底。即便在數學上根本不可能，但你還是會認為，這一次，股價會有史以來第一次跌成負值。是的，你可能會發現自己的投資組合已然負債。

因此，當情況看起來不樂觀的時候就趕緊賣出，而且動作要快。把錢好好藏起來，你將會準確判斷出再次入場的時機。

賣出之後不要輕易入場，要等到市場已經具備特定、神祕的「入場時機」出現後才能出手。你可能聽說過，如果市場上有某些大事發生你卻不在場（如同2009年3月上旬市場行情逐漸轉好的時候），你將錯失一整個10年的巨大收益。

你可能也聽說過，股票市場有時候會難以置信地上漲3%或4%，甚至更多，如果沒有抓住其中之一的機會，你此生將錯失一份巨額收益。你還可能聽說過，數十年來市場

總收益並非均衡分布，而是集中於少數幾個超級收益日中。

但作為「天才投資人」的你無須為此擔心。即便你完全離開市場，而一旦這些好日子來臨，或者即將來臨的時候，你會如有徵兆般地指尖發癢，得知這一消息。正如那首老歌所唱的，「你自然會知道何時遇到真愛」。[6] 你會知道的，而且你會在對的時間點及時買入，「抓住市場良機」從而立於世界之巔。

實際上，海灘男孩（Beach Boy）的旋律完全契合你投資生涯的節奏，前提是你只需要「遵從」這本書所闡述的準則：投資收益就是一波波的浪潮，如果你只對自己有信心，如果你真心相信自己，你就可以而且也會成功，你會在一夜之間暴富。

因此，再次強調一遍，當市場低迷時及

6　指1959年的一首歌，即〈當愛降臨〉（When Your Love Comes Along）。── 編者注

時賣出並置身事外，直至市場行情恢復的時候再入場。你可以在市場爆發前一天晚上得知消息的，或者提前兩天得知。為什麼？因為你是獨一無二的！

06

自認為這次與以往不同

幾年前，我會定期參加《福斯新聞》（*Fox News*）的一個節目，跟我搭檔的是史上最成功的投資人／投機者之一，也是一個真正的天才，他的名字叫吉姆·羅傑斯（Jim Rogers）。吉姆和我就股市的某個問題展開討論，我說了一些觀點，現在已經記不全。大致意思是，儘管聯準會（Fed）印了這麼多鈔票，但我認為這次與以往不同，並不會引發通貨膨脹。

吉姆立即打斷我。「你看吧」，他說，

「你剛剛說的，是投資者語錄裡最危險的話，『這次與以前不一樣』。」

我很肯定的是，吉姆不只是一個億萬富翁。他的投資交易經驗都是從國際金融巨鱷喬治·索羅斯（George Soros）這類超級高手那裡學來的。索羅斯以及羅傑斯都認為投資中一直都存在著特定的模式，而一旦你偏離那些太遠，就可能遇上大麻煩。有傳聞說，喬治·索羅斯僅僅透過賣空英鎊就賺了10億美元，這在當時可是一個天文數字。當英鎊匯率上下浮動的時候，索羅斯就賺得飽飽的，如今他可以更加自如地為其政治抱負提供資金支援了。吉姆對投資標的選擇之精準總是讓人讚嘆，因為他總是將常識和數據運算放在心頭，而我們其他人卻是要不信心滿滿，要不就畏懼不前。

他在這個節目中展露出來的觀點是無比準確的。如果你認為「這次與以前不一樣」，認為這次股票價格可以達到公司利潤的40倍並一直保持，如果你認為那些毫無獲

利可言的社群媒體公司的價值可以與奇異公司（GE）相提並論，如果你認為美國聯邦政府只會在債務中泥足深陷而絕不可能有幡然醒悟的一天 —— 你終將會大吃一驚並遭受重創。但這只是吉姆對普通人的善意提醒，而你肯定認為自己不是普通人。

當專家學者聲稱這次股票市場有所不同，聲稱出現了一種「新模式」或者類似觀點，此時你就要多加小心了。同樣，這也是對普通人的提醒。

這是吉姆或任意一位理性且成功的投資人對絕大多數投資者的建議。但你無須為此擔心：因為對你來說，而且只對你一個人來說，「這次真的與以往有所不同」。

你可以不顧一切前車之鑑，一往無前地專心賺錢，堅信市場上出現了一種新的模式。舉例來說，這一次，你會認為你的投資組合將不再受限於公司的獲利水準。這一次，有可能而且很有可能的是，即使公司當前的收益為零或者出現虧損，但未來的獲利

將會快速增長，對此，任何過去的本益比資料都將毫無參考價值，而只有新的模式才有意義。

這一次，大樹真的要長到天上去了。舊的投資信條都已經過時，你賺錢需要借助新的方法了。那些新的投資理念就是：無須在乎公司獲利，只有增長率才是最重要的，此外還認為，所有的證券投資與公司創造現金流的能力無關，而與狂熱公眾的追捧下不斷抬高的價格有關。

這不禁讓我回憶起一段痛苦的經歷。回首1999年年底，當時網路泡沫洶湧來襲，隨著手中的石油和銀行等「舊經濟」股票持續走低，我開始對這兩類公司的各類報表進行了研究。完全肯定的是，我所持股票的那些公司都是有收益的，甚至是極好的收益，但它們的股票價格卻低得可憐。

而那些價格飆升到月球上的「新經濟」股票，卻根本沒有什麼獲利可言，往往還存在巨額虧損。

我反問自己，「到底什麼是股票呢？難道不是一家能夠替其所有者擁有的所有權帶來收入（最終化為股利）的經營實體嗎？難道不應該是這樣子嗎？或者它還可以是其他完全不同的形式？也許一檔股票（或其他可交易票據）更像一張樂透，就像一筆賭注一樣，賭的就是你所購買股票的這家公司未來有一天會成為全球最大的企業。」這看起來才是市場運作的方式，這也正是市場向我們傳達的訊息。

回憶中比較令人尷尬的部分在於，我並沒有把這些思考停留在口頭上，「庸人何自擾。證券當然代表了你對『能夠為你帶來收入的某家公司』的所有權。如若不然，它們就毫無價值，它也就不是一張證券，而變成一張彩票了」。我把自己辛辛苦苦賺的錢拿了一些出來，買了網路股以及投資網路股的指數型基金。

在很長的時間在裡，我的投資績效相當不錯。我每天在股票收市的時候都會看一下

股價，每次都高興地笑出聲來。

顯而易見的是，隨後網路泡沫破滅，一切都戛然而止。我手頭所持的那些本益比超過100倍的股票 —— 有時候甚至是在公司零利潤下交易價格超過100倍 —— 突然就只值幾美分了。我也曾經提過同樣的問題：這次是不是與以往有所不同呢？對股票的重新詮釋，是否就是正確的呢？但我說出的卻是錯誤的答案，僥倖地認為這次與以往不同。幸運的是，我沒有完全喪失理智，只是從冷冰冰的儲蓄中拿出一部分投入火熱瘋狂的股市裡。但是，這帶給我的傷害，如同狄更斯面對轟然倒塌的舊秩序時一樣銘心而刻骨。我曾經認為，這次與以往有所不同。這種想法讓我付出了沉重的代價。

但這一切都不會發生在你身上！並不能僅僅因為我這次沒什麼不同，就意味著這對你來說依舊如故！你和我並非同一人，也不是同一個世界的人，在你的世界裡「這次會有所不同」。有時候，在股票的世界中，投

資者幾乎毫不在意公司的獲利情況。

在柏林，納粹黨倒台之後，經濟體系大多要靠沙丁魚罐頭交易或個人之間的香菸買賣來維持。當時德國人沒有真正的貨幣，因此他們以罐頭和香菸作為交易媒介。仔細留意一點 —— 他們並不吃罐頭，他們也不抽菸。沙丁魚罐頭和香菸只是像貨幣一樣被拿來當作交易媒介，而並非是為了使用魚或者煙草。

股票交易的情況有時候也是這樣。交易所股票價格的漲勢是如此的瘋狂，甚至與股票所屬公司的獲利能力毫無關係，有時候甚至與股票公司的收入也不再相關。那些日子，其實就與網路泡沫時代或者是當前的社群媒體泡沫時代十分類似。

當股價瘋漲時，你只需做到：買且毫無顧忌。對於股票投資，華倫・巴菲特曾說，你好比在化裝舞會上，一定記得要在午夜前離開。但你無須顧慮這點 —— 因為你的投資世界裡根本就沒有鐘錶。

無論如何你都將「收益不菲」，只要你自認為「這次與以往有所不同」！

07

股利是用來消費而不是投資的

　　傑森・茲威格（Jason Zweig）是個很聰明的傢伙，他在《華爾街日報》有個投資專欄。我要向你推薦他，一如我跟你推薦《華爾街日報》、《紐約時報》（*New York Times*）的商業內容、《巴隆週刊》（*Barron's*）一樣。

　　2012年3月初，茲威格撰寫了一篇股市何以如此之高的專欄文章，因為當時道瓊指數在13,000點左右浮動。

他核心的觀點是，儘管道瓊指數不是在歷史最高點，但也已經很高了。他還提到，即便調控了通貨膨脹指數還是遠遠沒有達到歷史高位（實際上，通貨膨脹調整之後，不考慮物價和股利的情況下，道瓊指數用了近60年才恢復到1929年的水準）。

我可以很確定地告訴你，茲威格先生絕沒有眨眼說瞎話。

茲威格先生還請來金融資料分析領域的重量級人物，也就是聖塔克拉拉大學（Santa Clara University）的梅爾·史塔曼（Meir Statman）教授，透過一系列的資料運算分析，看一下如果自1896年的道瓊指數創始之初你就對其進行了指數投資，且所有的股利也投資進去，那最終的投資績效將會如何。

道瓊指數最終將怎樣呢？這個計算過程並不簡單，因為道瓊指數中很多股票都已經消失，或者被剔除，但梅爾·史塔曼教授最終還是完成了這項工作。

我會好好研究一下，看看他是如何做到的，但這並不是重點。

如果1896年你在道瓊指數還是10點的時候進行投資，並且把收到的股利全部又進行再投資，且假設投資所獲得的複利與道瓊指數保持相同的增長率，那如今你手中的道瓊投資可不止13,000點，這個數據將是1,300萬美金。

看起來這是你應該把股利再投資的理由，不是嗎？以此來讓投資增值，讓你致富。

但是請等一下，人生是有限的。生命並不會永遠持續下去，生命很短暫，有時候我們也得肆意人生。

如今你投資組合裡的錢更多了，或者說資產價值更高了，但與此同時，你玩樂的時間更少了，喝的啤酒也不多了，而且沒什麼時間看高畫質電視（HDTV），也不再開你的越野型沙灘車。

你將會變成乏味的守財奴史古基（Scrooge），成為無趣味的帳本，只會把股利存在自己的投資帳戶裡，根本不會拿出來消費。

現在我必須說幾句公道話。我注意到，在很久以前當早期的道瓊指數還很低的時候（一直持續到幾十年前），一些公司（如道瓊指數所涉及的那些）的股息發放率要遠高於目前的水準。

即使是大蕭條時期的大部分時間裡，道瓊指數的股息發放率依然維持在6% ～ 8%之間。

即使是1960 ～ 1970年代的太空爭霸時代，仍然在6% ～ 8%的區間內。

與沒有股利的情形相比，此前較高的股利水準，加上自道瓊指數開始之初就將股利進行再投資，經過漫長時間的複利累積，最終使得道瓊指數價值大約翻高1,000倍。

這都已經是遙遠的過去，如今道瓊指數的企業股息發放率不到2%。這個金額太小了，你完全可以把股利花掉，或者把它存在經紀帳戶裡賺取0.1%甚至更低的利息。那為什麼還要花心思琢磨股利這件事呢？

複利計息完全是騙人的東西，你根本無須考慮這個因素。如果投資組合以複利計息，可能會從根本上改變你的生活，即便如此，你也不要考慮它。

史上最偉大的經濟學家之一米爾頓・傅利曼（Milton Friedman）曾經說過，複利計息是有史以來最偉大的發明。

即使這樣，你也絲毫不用琢磨你的股利，當你的投資組合中產生股利的時候，直接拿出來花掉就行了。

關於這個話題，現在讓我們來討論一下，「為什麼要花心思考慮股利這件事呢？」

真正受歡迎的新潮股票，大多數時間裡根本不會有任何股利。如果有的話，也只是微不足道的一點點。因此，為什麼要考慮一

檔股票是否有股利呢？

　　肯定會有一群古板守舊、做事小心翼翼的人告訴你，股利很重要而且市場上並沒有新的投資模式。

　　他們會說，如果能夠持續有股利，那就表示公司一直在獲利。

　　他們會說，如果公司可以持續獲利而且還能夠提高股利水準，那可能是因為公司開發出好產品，推出好的服務，經營管理水準比較高，根本無須參與遠東市場的競爭就能夠在市場中占有一席之地。

　　你完全可以在數十年的投資期間裡，在你的投資組合中為該公司股票預留一定的空間。

　　他們甚至還會告訴你，與那些沒有股利或者股利很少的公司股票相比，有股利且股利能以複利計息的股票，其業績表現要好得多。

他們會告訴你，出現這種情況的原因，一是複利效應，二是對於那些能夠真正有股利的公司來說，它們的現金流入速度超過流出。

此外，他們還會告訴你，股利較高的股票與那些沒股利的股票相比，在股市不好的時候，其波動更小。

這裡的高股利股票指的是從公司利潤中持續不斷地高額分配，而不是那些因股份暴跌，使此前的股利在削減前忽然顯得極為可觀的股票。

在這個話題上，他們可能會跟你談起所謂的低 β 值股票，也就是波動幅度小於市場整體情況的股票，還會告訴你穩定的股利是如何使得股票的 β 值降低的。

股票的 β 值較低，可能僅僅是由於高股利（持續發出較高的股利）股票屬於未雨綢繆的那一類。

對這些股票或整個市場的未來預期，並不會影響到此類股票的價格變動。

甚至，它們的定價至少在一定程度上像債券。

也就是說，這些股票的價格至少在部分程度上是股利的數倍，這也就意味著一種可能，即只要存在股利，就說明它們的股價是相對穩定，就如同與股票相比，債券價格也相對穩定一樣（但並非總是如此）。

而且他們也會說，從長期來看，與那些股利較低或者不發股利的股票相比，這些股利較高、β 值較低的股票升值幅度更大。

不要聽他們的。

像微軟這樣的公司曾有過多高的股利？Google 現在的股利有多高？臉書將來的股利有多高？截至 2012 年 3 月，蘋果公司已經多少年沒有發股利了？大約有 18 年了吧。

但是對於那些長期持股的投資人來說，這些股票依然讓他們大賺特賺。

最重要的是，波克夏・海瑟威公司（明星公司中的明星），自從上次發股利到現在已經多久了？答案是：它從來沒有發過股利。

現在，同樣是這群帶著綠眼罩[7]的吝嗇鬼們會說：「朋友，祝你能夠選對下一檔潛力股。的確，會有一些公司根本不發股利，卻始終如純金般閃耀。但一般而言，從長期來看，投資高股利股票要比投資低股利股票的收益要好得多。」

不要聽他們的，把耳朵用棉花堵住。他們跟那群認為你不能選股的人一樣，都是愚不可及。

7　19世紀末至20世紀中期，由於白熾燈和蠟燭的照明效果差，會計、報務員、編輯等注重細節且用眼過度的從業人員常戴「綠眼罩」（green eyeshades）以保護視力。後被代指過度注重金錢和細節的人。──編者注

你當然有能力而且也將會選中那些雖然股利很低或者沒有股利，但股價卻會飆升的股票。

因此，無論是現在還是將來，你都可以忽略那些股利較高的股票，而且當某檔股票恰巧有股利匯進你的帳戶裡，馬上把它們拿出來花掉。

不要把股利再投資出去！買個手鐲或一輛車給你的另一半吧，讓自己去牙買加放鬆一下吧。生命很短暫，及時行樂才是正道。

08

現金無用

最近你有注意自己的銀行對帳單或者貨幣市場投資績效說明嗎？很洩氣吧。基本上你都是毫無利息收益。在你的一些銀行帳戶中，每年的投資收益只有0.01%。

這個事實很殘酷。我還記得1980年代早期的時候，極短期的定存單（CD）收益率就高達12%、13%、14%。好像有一段時間，某些定存單收益率甚至接近15%。

雖然，在長期難以接受的高通膨之後，當時的聯準會主席保羅‧沃克（Paul

Volcker）透過升息抑制通膨。但不管怎麼說，曾經有一段時間市場利率是兩位數。這確確實實發生過。

可既然現在你手裡的現金基本上不會有什麼收益，那我們還廢話什麼？我們何必還要費心思考該把現金存到銀行、還是用來購買貨幣市場基金？從現在的利率來看，你手裡的現金一無是處。

我們都明白，當前利率如此之低是有原因的。

美國聯準會一心推行零利率政策，以此來刺激經濟增長。它們大筆買入國庫長期債券將利率維持在極低的水準上。

你根本沒法對抗聯準會，因為它無所不及，縱使你踏遍僻壤也不可能找到利率高的地方。

現金投資的利率低是普遍現象。（儘管如此，生活充滿未知。甚至當我寫至於此的時候，還有很多嗡嗡的論調，認為經濟正在振興，利率或許會在短時間內上調，對此我

們只能拭目以待了。）

尋常的小投資者們承擔了這種低利率的代價。他們一生辛苦工作賺錢，最終卻幾乎得不到什麼利息，導致沒有錢養老。這個事實也很殘酷。

通貨膨脹依然揮之不去。在聯準會政策的刺激下，過去數年間我們一直承受著3% ～ 4%的通貨膨脹。

因此，假如我們只是把錢存在銀行或者購買貨幣市場基金，而存款的投資收益率是0.01%的話，那我們實際上是在虧錢，而且虧的還不少。（你可能認為，這種情況會導致民情激憤衝突遍地，但事實卻並非如此。美國的儲戶都很順從。）

我們為什麼還繼續陪著聯準會玩呢？為什麼不把現金統統拋在腦後，投資在別的地方，獲得比較豐厚的收益呢？讓錢取得高收益的地方很多，無論是資本利得收益或者是債券固定股息收益都不錯。

從 2009 年 3 月 到 2012 年 3 月中旬，股票市場出現了一幕驚人的復甦，道瓊指數從 6,500 點左右直升到 13,000 點。

與此同時，經濟卻仍然極度脆弱，歐元區仍存在裂痕，作為國際貿易中堅力量的新興國家也在減速發展，從每年令人難以置信的大約 10% 左右的超級增速，降為每年依舊驚人的 8.5% ～ 9%。

就在 2012 年春天我寫這本書的時候，美國失業率依然遠高於 8%（儘管正在持續下降）。聯邦財政正深陷泥潭，我們面臨著高額財政赤字，近期卻看不到削減的可能。

我們確實在擔心，也許美國政府有一天真有可能會在債務問題上違約（實際上這遠不止是擔心，而是肯定會發生的事）。

我的觀點是，在當前經濟環境惡劣時，股票市場就已經有了一次如此劇烈的上揚，那當經濟真正開始復甦的時候，股市又將如何呢？當道瓊指數漲至 20,000 點時，會有任何衰退的可能嗎？30,000 點呢？35,000 點

呢？

在此情形下，你為什麼不把錢只投在股票上呢？你很會選股，因為我們早已經知道你真的很擅長這一點。雖然你也可以從眾，購買指數型基金產品。但為什麼不趁著股票市場指數還處於13,000點的時候大舉買入呢？

畢竟，2008～2009年的股票市場已經進行大幅修正。已經發生的股市震盪不會再發生，對嗎？至少不會在第一次暴跌之後馬上發生（也許我應該說最近一次暴跌）。

關於股市的震盪，例如先下跌60%左右，此後雖反彈，卻又隨即大幅下跌，並沒有這樣的先例，是嗎？

實際上是有的。歷史中不僅有而且出現很多次，股票市場先是瘋狂上漲，此後基於偶然或必然的壞消息，便如滾石般暴跌。

自1970年代早期至1980年代，股票市場都是蹺蹺板式的動盪。誠然，股市上揚永無止境（除非因抑制通貨膨脹而使股價下

跌，但這可是一件不怎麼令人愉快的事，我也不想毀了你的生活）。

但在過去這些年，市場是多次經歷過暴跌、暴漲而後又暴跌的動盪。

沒有人能夠預料這一切，而這正是問題所在，也是機遇所在。

你可以這樣想，當市場整體都看不到股價走勢時，你能看到。因此，當某些茫然古板的人認為你根本無法預測股價何時下跌，因此建議你留備一些現金時，千萬不要相信他們的話。

這些人完全有可能會這麼警告你。他們有時還會告訴你，你可以把手頭的現金全部用來買股票，但結果可能是你買高了（至少是一時的高點），隨後當股市崩盤的時候，你的投資也被連累。

唉，你那白花花的銀子付諸流水了。

這些人自視為希臘神話中能預測吉凶的卡珊德拉（Cassandra），他們也許會說，你需要保持一定的現金流，這樣當股價真正下

跌的時候，你就能夠以更低的價格買入。

但為什麼要採納他們的意見？當離市場暴跌還有一個月時，你用腳指頭都能強烈預感到。你的祖先們也會託夢給你，告訴你第二天早上正是賣出的好時機。你認為自己知道並且能及時從市場上脫身，拿著一疊現金，隨時等著低點買入。

我知道你有以下顧慮，「我怎麼知道什麼時候是股市的低點？現在是否處在低點呢？」

有些人會說，你根本不可能知道。即使是最懂行情的投資者也不知道。還有些人認為，即使借助最厲害的投資銀行和避險基金採用的預測模型，也根本不可能知道。

市場趨勢極為複雜，不管是你，還是那些在華爾街、或是康乃狄克州格林尼治的牛人們，都很難準確預測，也難以判斷出市場底部行情並採取相應的對策。畢竟，尋遍報刊和網路，能有幾個人認為 2009 年 3 月初的股市已經觸底？

事實上，確實有一個人做到了，他是道格·卡斯（Doug Kass），一個來自佛羅里達的天才。他管理資金，而且的確相當聰明。能預測到那次股市觸底的人，除他之外我未曾耳聞。道格是無數資金管理人之一，但可能也是第一位承認自己在其他投資場合曾經犯錯的人。

但是我們得再次承認，你能未卜先知。你預見了自己將如何一次次擊敗市場，而且在現實中也如此。不久之後，當你把錢全部拿出來購買股票，你將伴隨市場行情一路升至頂點，繼而賣出數錢。

此後，你的每一次買入都恰好處於最準確的時機。朋友，這就是獨一無二的你，對此，你大可放心，那是確信無疑的。

或者，如果希望獲得比較高的當期收益，你也可以嘗試投資垃圾債券[8]。

8　又被稱為高收益債券或高息債券，風險大。—— 編者注

你也許會問，什麼是垃圾債券（junk bond）？首先，這些債券並不是真正的垃圾，它只是被稱為垃圾債券。它實際上是一種「很不錯」的債券，與其他債券、定存單或存款帳戶相比，這類債券支付的利息要高得多。

即使是在目前經濟不好的情況下，當定存單的實際利率水準為零，當高級債券的利率僅為4% ～ 5%，垃圾債券的利率卻高達6%、7%，甚至8%。

它們依然屬於債券，這意味著發行這些債券的公司負有兌付這些債券本息的神聖職責，這也屬於必須兌現的承諾。

像奇異公司或者福特汽車這類傲慢而又令人羨慕的發行方，它們可能會將其他公司的債券稱為「垃圾債券」，但這不過是它們忌妒其他公司發行的息票[9]數量而已。

實際上，垃圾債券的發行方可能是一家

9　由債券購買者持有。——編者注

尚未建立起信用的新創公司，也可能是一家暫時運氣不佳的成熟企業。

還有可能是被接管的老公司，私募股權公司在將其收購後隨之發行大量債券，用發行這些債券得到的資金來支付給自身投資人，藉以把該目標公司從之前面臨的困境中「解救」出來，並重新活化經營活力。

但是問題的關鍵在於，與其他投資標的相比，無論是從年度收益還是從季度收益的角度來衡量，垃圾債券所支付的投資收益要高得多。而較高的當期利息不正是你所追求的嗎？

對你來說一切就很簡單了，你只需要大筆買入垃圾債券就行了。你可以自行選購垃圾債券，也可以買入垃圾債券基金（指一種垃圾債券共同基金，由優秀的債券分析師精心挑選投資標的）。

或者你也可以購買垃圾債券指數股票型基金，這種基金與垃圾債券共同基金十分類似，不同之處在於前者可以全天候進行交

易，而共同基金每天只能交易一次。

無論上述哪種投資，你獲得的收益都要比投資現金或者高評級債券要高得多。

考慮到這些因素之後，有人可能會說，垃圾債券之所以被這樣命名是因為它們風險很高，有時候甚至會違約，不再支付相應的利息，如此的話你就不走運了。

可那又能怎樣？生活本身就是一場冒險，什麼意外不會出現。承擔這樣的風險，獲得超高的收益，這樣做難道不值得嗎？

當然值得。

有人可能會告訴你，曾經有這樣一段時間，例如說垃圾債券之王德克索投資銀行（Drexel Burnham Lambert）倒閉之後，這家曾經令人尊敬的公司所發行的債券幾乎全都化為廢紙。

只有一部分證券承銷商在令人敬畏的麥可‧米爾肯（Michael R. Milken）帶領下，順利的度過。（實際上他最終被捕入獄，但表現得十分勇敢，而他依然是一位億萬富

翁，也是一位慈善家，更是一系列經濟論壇的召集人。）而債券持有人則損失慘重，他們曾經大吹特吹的高收益優勢也一去不復返。

實際上，有些聳人聽聞的傢伙還會說，垃圾債券通常意味著發行方並不打算償還債券本息。

我碰巧認識一個很有名的發行者，他是一位名為梅舒蘭·里克利斯（Meshulam Riklis）的聰明人，據說曾跟他的同事說絕不會償還垃圾債券的本息。

取而代之的是，他會一直不斷地發行新的債券，否則就違約。後來他成了巨富，身邊環繞的是像女明星皮婭·扎多拉（Pia Zadora）這樣的美女。

大量資料顯示，從長期來看（除了美國從大蕭條開始逐步走向空前繁榮的二戰這一段時間之外），垃圾債券的表現都要比高評級債券差很多，其原因在於垃圾債券的違約率太高了。

我在這方面花了很多功夫加以研究，並以此為《巴隆週刊》撰稿。我得出的基本結論是，我不會允許自己的孩子投資垃圾債券。

對我來說，在某些情況下，這看起來就如同是願者上鉤的龐氏騙局（Ponzi scheme）一樣。

但這僅僅是我的一家之言，且我是個年邁的愚人。不要理會我的胡說八道，勇敢地投資垃圾債券來獲取高收益吧，沒有人騙得了你，在這方面你可是太聰明了。

你不用擔心會再次發生2008～2009年那樣的信用緊縮，其對高評級債券造成衝擊，並最終導致對垃圾債券的投資一無所獲。

如果歐元區出現大規模市場違約，並波及遙遠的阿肯色州，那可能就會導致其他所有人的債券大幅縮水 —— 但你的不會。

有些人窮其一生都在研究垃圾債券，對此你也不用擔心。他們的確有過一些重大發

現，並據此透過投資垃圾債券賺了大錢。

即使是經常手足無措的美國財政部，也在2008～2009年危機期間購買了大量的低評級債券和信用保險，並於2011年和2012年出售時賺了至少250億美元。

作為對這個領域略知一二的人，我想說的是，你並不具備美國財政部那樣的持久耐力。

那些狡猾、受到良好培訓的信用分析師，確實可以從垃圾債券中挑選出精品，但他們是不會為你服務的。

他們的服務對象另有其人，那些與他們關係更加密切的人。他們未來也不會為你服務，不會為你指點迷津，讓你輕易發現垃圾債券中有價值的投資。

他們服務和共事的對象，是一小撮垃圾債券投資領域中的內幕人士。這就是我希望你能了解的。

不用理會我的話，我只是個怪人。立即去投資那些高收益的垃圾債券吧，不用心懷畏懼，無須以史為鑑。這些誘人的投資收益，都將成為你在銀行帳戶中擁的錢啊。前進吧少年，拿下它！

09

投資避險基金

你知道什麼是避險基金嗎？它是一個旨在獲得高額利潤的資金池，管理者都是人中龍鳳，而投資者則運氣十足。

這些投資機構最初之所以被稱為避險基金，是因為它們並不僅僅是在股價上漲時才賺錢。他們可以透過賣空（詳見下文）對投資者的投資風險來做「避險」，而且會透過股票之外（詳見下文）的各類投資方式，以及其他出色的投資策略來分散風險。

1960年代，華爾街遇挫，可以說，僅透

過買空策略很難賺到錢，避險基金即在這一時期脫穎而出。有些避險基金經理（短時間內）賺高額利潤是透過買入未向普通投資者開放的早期股票投資。上市公司向內幕人士提供的股票價格十分便宜，當早期股票公開上市之後，其價格通常會大幅飆升，避險基金由此賺取不菲的利潤。

就賺取利潤而言，避險基金經理們想法多多，尤其是在管理費的收取方面。因為他們能夠讓投資者堅信，避險基金經理既擁有專業的投資經驗，也具備特殊的內部管道，這能保證他們賺的錢比普通經紀人或者共同基金高得多，因此他們自然可以收取超高的管理費，而且從某種意義上來講，管理費之高是駭人聽聞的。

如今，一般的指數型基金收取的費用通常不到2‰，且帳戶管理費極少，而基金中的股票清倉費用通常為零或者可以忽略不計。1960年代，一位普通的非貼現票據經紀人在每筆交易中最高收取1%或2%的費用，

其帳戶管理費也很少。而與此同時，避險基金經理每年收取的費用可能高達帳戶資產的2%，此外，還將就帳戶中的利潤收取驚人的20% ～ 30%的費用，這比國庫長期債券的利率都高。

幾年前，就像我一再說到的，我曾認識一位很聰明的律師，他告訴我，儘管對於如何處理案子他可能所知有限，但對於如何收費卻是熟門熟路。於此，避險基金經理們所見略同。這些人都是這個時代的天才，卻事與願違。

1960年代末至1970年代初，當股市受到全球性事件的衝擊時（尤其是世界性的通貨膨脹和飆升的利率），避險基金終於開始走下神壇。當早期買入的低價股票遭到質疑其合法性，此後上升的股價據稱是被操縱時，避險基金的進一步衰退就隨之而來。

這些「偉大的天才」拿著投資者的錢肆意花天酒地，他們與金融詐欺犯伯尼・科恩費爾德的行徑並沒有什麼兩樣（當然是在他

入獄之前）。

　　無論規模大小，各類避險基金在當時消失殆盡，直至1990年代左右，它們在第一次網路泡沫中如蝗蟲一般再次席捲而來。在某種程度上，避險基金經理們成功買入網際網路產業的一些原始股，隨後這些股票價格飆升到駭人聽聞的程度，這也帶給投資人巨額的回報。當避險基金經理們以著名的天才人物自居，覺得自己能夠準確預測股票、債券和貨幣價格走勢時，避險基金行業的受歡迎程度就更上一層了。

　　所有這些投資績效都因媒體的宣傳而廣為人知，在報導中，那些在半年乃至一年內成果豐碩的避險基金經理，被比作是給耶穌帶去貴重禮物的「東方三博士」[10]。被報導的還有避險基金經理的家、藝術品、遊艇以及他們妻子的服裝設計師。這暗示著，儘管是很隱晦的暗示，你作為來自奧克拉荷

10　出自《馬太福音》——編者注。

馬州塔爾薩市（Tulsa）或是加州圖萊里郡（Tulare）的一位百萬富翁，有機會搭上這一便車輕易獲得無盡的財富。你只需要拿出自己的投資，並同意支付那些「2%和20%」的費用，就等著坐享其成吧。

當人們發現，有些避險基金經理準確預測房地產危機，並且由於其優異的表現為自己和投資人賺取了數十億美元時，整個避險基金行業被吹捧到天上去了。那些普普通通有點小錢的人都擠破腦袋想把資金交給避險基金。

對此，華爾街那群人的慈悲和善心派上了用場。他們發明了「基金中的基金」（可以再次追溯到伯尼・科恩費爾德），鼓勵普通勞工參與投資。條件只有一個，就是這些勞工每年需要支付3%的管理費，以及投資收益中的30%，這一比例超過了通常視為無風險國債的報酬率。

但是，當整個市場100%下行或停滯時，誰還會在乎支付投資收益中的30%呢？

找一個避險基金開倉，然後大筆買入吧[11]！

與此同時，任何受過基本培訓、取得相關證書的人都可以成為避險基金經理。想要成為避險基金經理，你不需要具備一個由加州理工學院（Caltech）聯合培養的數學和物理學博士學位。你只需要自認為是避險基金經理，就可以大把撈錢了。只是近來，你必須得先成為一名國際金融理財規劃師（CFP）。

而大型投資銀行也會協助你募集資金，並為你提供辦公場地，你所需要做的只是透過他們來進行投資交易。這一切簡直太棒了。恰如英國搖滾樂團平克‧佛洛伊德（Pink Floyd）所唱的那樣，「哇噢，曾跟你提過這個遊戲，輕鬆賺得百斗金。」

而如今，這句歌詞卻展現了社會生活的

---

11 原文中的「back up the truck」為俚語，當投資者或交易者有這一行為時，意味著他們極為看好某一投資。——編者注

殘酷變化。事實顯示，認真觀察分析，仔細查閱那些發布業績公告的避險基金的表現，在扣除所謂的管理費之後，避險基金的投資績效基本上不會比指數型基金好多少。從一般意義上來說，在股票市場表現較好的年分裡，指數型基金的表現要優於一般的避險基金。而即使是在市場表現不那麼好的年分裡，這個結論依然適用。

而那些不發布業績報告的避險基金呢？嗯，我們對其一無所知。可能他們很謹慎，但也有可能早已倒閉。而如果倒閉的話（牽連到投資者的錢），在計算避險基金的收益時會將它們從分子分母中剔除，即不會在分子中將他們算作0，更不會在分母中將他們算作1，否則就會拉低避險基金的整體收益水準。

在計算過程中他們絕對會被剔除出去，這將使避險基金的投資收益看起來亮麗得多。

很多年前，有次在投資大會上一位女士

告訴我：「班，債券市場上可沒有免費的午餐。」她無疑是正確的。她也可以加一句，就是任何市場上都沒有免費的午餐。不管你投資什麼，都不存在免費的午餐。

她還可以再加上一句，每一分鐘都會有個傻瓜，都會有兩個人去騙他，而那些騙子們都自稱是避險基金經理。

不幸中的萬幸，上述諸事都不會發生在你身上！

只有很少的避險基金經理每年都能取得不菲的業績。你會成為少數幾個幸運兒之一，選中這些投資經理來管理你的投資。你是中選的贏家之一，並且如果被選中的投資經理業績稍有下滑，你很快就能再次找到手氣正旺的投資經理。

對你來說，資料分析、歷史情況和機率論等都毫無意義。你完全可以依靠自己神奇的雙手。你就是一個傳說，完全可以選定合適的投資經理，也可以選定合適的避險基金。

當然，對於普通投資者來說，要做到這些其實並不容易。舉例來說，作為一名傳奇式的避險基金經理，約翰·保爾森（John Paulson）透過抵押房地產泡沫為自己和投資者賺取了數十億美元的利潤。隨後，就在幾個月的時間裡，隨著大量指數型基金重新獲利，他自己的投資卻開始落後於整體市場形勢，他的很多投資者都開始賣出退場。

　　這有可能發生在你身上嗎？回答是否定的。為什麼呢？因為你是獨一無二的人啊！我要反覆告訴你多少次呢？你可是一位超凡脫俗的人，你是超人呢 —— 歷史對你來說毫無意義，一點參考價值都沒有。

10

嘗試從未有人用過的投資策略

大眾投資者在做出投資決策的時候，可能會與長期的歷史趨勢進行比對，選擇本益比較低的時候出手買入。對於普通投資者來說，他們可能會在公司股票淨值比（Price-Book Ratio）相對較低的時候選擇購入股票，或者股票型基金。正如同菲爾·德穆斯和我（主要是菲爾）所說的那樣，當股票價格比過去一段時間內的價格略低的時候，普通投資者可能就會擇機買入了。

事實已經明確告訴我們，這些都是選擇

股票指數很好的衡量標準。

相比於那些憑一時喜好買入的投資者，按照上述時機買入的人能夠賺取更高的投資收益。

或者，普通投資者可能會在那些剛剛經歷了自然災害的國家買入股票 —— 例如2011年日本大地震和海嘯 —— 而且會注意觀察，這些國家的主要公司的股票指數是否經歷了突然、大幅的下挫。投資者可能會想，「這次沒什麼不一樣的。這次事故之後股市會重新反彈的。即使是在經歷了長時間的經濟衰退衝擊之後，他們至少還能恢復到自然災害之前的水準上。」

當市場大幅偏離平均水準之後，你可以下注，市場將會向均值回歸，這通常是一個不錯的投資選擇。

但這種投資方式對你來說簡直是太小兒科了。你完全可以去嘗試發掘，看看整個股票市場定價以及股票交易可能存在的系統性缺陷。你應該去找出到底什麼才是真正推動

市場運轉的規律。或查一查日曆，看看是哪些日子在決定股市漲跌，舉例來說，你可能會發現，儘管沒有能讓人信服的理由，但是在特定月分出脫股票可能會讓你大賺特賺。

勇敢向前吧，嘗試一些別人未曾嘗試的方法，建立屬於你自己的交易規則。不斷地賺錢，正如你以往那樣，讓你的投資靈感來指引你的投資活動吧。

11

採用大學捐贈基金
和大戶們的投資策略

　　我們又要舊事重提了，像柏格和巴菲特
等已經說過，你應該堅守簡單的投資理念，
只購買指數型基金，尤其是當股票價格處於
歷史低點的時候更是如此，並盡可能地長期
持有。事實已經證明這是個很不錯的投資策
略。

　　但是這種投資對耶魯大學是否足夠好
呢？對哈佛大學是否足夠好呢？對全世界那
麼多億萬富翁來說是否足夠好呢？當然不
是。這也就是說，這種投資收益對你來說也

是不夠的。

常春藤聯盟和史丹佛等大學捐贈基金，還有洛克菲勒家族，他們都是如何投資的？他們可不會僅僅去先鋒基金或者富達，簡單地買一些指數型基金就行了。這是確定無疑的。他們也不會去美林證券（Merrill Lynch）投資，買入一檔指數股票型基金（ETF）[12]。

他們的投資策略要複雜得多。他們大筆買入林地資源，然後隨著森林資源和土地資源日益缺乏，他們就等著這塊土地升值就行了。土地才是「強勢貨幣」！無論如何，他們會極盡所能地使手中持有的土地資源價值最大化。

實際上，隨著全球變暖，海平面不斷上升，一些低矮的陸地變成沼澤，土地資源

---

12 指數證券化，投資方法與股票完全相同，不需要另外開戶，簡單來說就是把ETF當股票買，指數漲，ETF就會跟著漲，指數跌，ETF的價格也會跟著下跌。──編者注

正變得日益稀少，而缺乏就意味著價格的提高。

除此之外，每個人都需要木材。你可以用木材來蓋房子，也可以用木材來造船，木材還可以當作鐵道枕木，或者做電線桿。因此這就是你應該投資森林資源的原因所在。這都是最基礎的常識，是你應該做的。在你房子周邊買幾英畝林地，然後耐心等著吧，暫時可以把它拋在腦後。

雖然，近年來隨著房地產危機席捲美國，在建造中的房子也越來越少。這通常意味著對木材的需求也會很少。

隨著房子蓋得越來越少，人們對木材家具產品的需求也不斷萎縮。但這一切都是暫時的，這種情況只會持續十年左右的時間。在這段時間，你應該投資一塊林地。

蓋茲基金會（Gates Foundation）是如何投資的呢？百分之百確定的是，它們絕不會自降身價跑到經紀人那裡要求買入通用汽車（GM）的股票。它們不會購買任何蘋果公司的股票（儘管我確定，他們極度樂意在2008年年底買入盡可能多的蘋果股票）。它們會與私募股權公司簽署協議，動用超級資金槓桿併購整個公司，對其進行分拆、業務剝離並徹底的整合，或者耐心地對其進行重組。

例如，蓋茲基金會可能會併購班·史坦公司。隨後會發行債券，給自己發放一筆特別股利。還可能會解雇一些工人，重新活化現金流，這樣在一段時間之內他們就有錢支付債券利息了。這樣下來可能真會為企業帶來改觀，再加上優秀的管理團隊，公司就可能重獲新生。

如果蓋茲基金會購買了一家市值下跌10%的公司，之後該公司價值翻了5倍，它們這一筆就能獲得初始投資50倍的回報（減去了給代理機構的佣金和費用，但並沒有加

上分得的特別股利）。

這聽起來相當不錯，你也可以做到這一點。你可以在鎮上找一間估值大幅下挫的小麵包店、便利商店或者旅館什麼的，拿大部分是借來的錢把它買下來，全心投入其經營運作，使其重現光彩……然後試著出手獲利。

當然，要想做好這項工作，你需要從日常工作以及家庭生活中擠出一些時間，但這算什麼呢？我們現在討論的可是怎麼樣才能賺大錢呢。

一旦你讓這家汽車旅館重現生機，你就需要趕緊去銀行，以其為抵押品按照盡可能高的槓桿水準進行再融資操作。拿融資來的錢盡情歡樂吧，然後努力讓汽車旅館賺更多的錢，以此來償還銀行借款。

如果經營效果不理想的話，那銀行可就太倒楣了。銀行裡那些經辦員會像看體育賽事那樣看待這項投資，而且會拍拍你的後背表示安慰，並真心祝你下次運氣好轉。

這還沒結束呢，你還可以最大限度地把自己的房子抵押出去，並拿這些錢作為首付去買下更多的小汽車旅館。好好整理一下這些旅館，每個房間都裝上彩色電視和微波爐，用殺蟲劑把每張床上的臭蟲清理乾淨。隨後，當這些旅館開始獲利的時候，以其為資產抵押借來更多的錢，買下更多的旅館，把它們都整修起來，很快你就會成為當今的康拉德‧希爾頓（Conrad Hilton）了。

然後把這些資產都賣掉，好好琢磨一下你更中意哪種噴射飛機。之後是否能夠把這些東西賣掉賺錢，或者是否能夠盈虧兩平，是不是有人來追債，最終是否會無家可歸，對於這些問題你都不用掛在心上。

對你這樣成功的傳奇人物來說，這些根本不會發生在你身上。透過出售這些資產，你將會大賺特賺，從此沐浴在成功的光環下。

這就是大戶們乾坤挪移的賺錢方式，而你也希望能夠像他們一樣風光無限，不是

嗎？

這些大戶也會大筆買入大公司的股票，進入董事會，並對其進行大幅重組，如若不然就會對現有管理層投出反對票，把他們掃地出門，讓他們淪入悲慘的境地。

通常在這情況下，公司管理階層會向這些億萬富翁的掠食者支付一大筆錢，或者發放一筆特別股利，以此息事寧人，讓他們滿足地離開。

你也應該這樣做。你應該在當地找個銀行，例如說，購買這家銀行的一些股票。然後直接找到這家銀行的辦公室，要求管理階層做出改變，以便使其經營更加成功。

我知君心。你肯定在想：「這些聽起來都不錯，但我有自己的工作，也有自己的家庭。我可沒有時間做這些事情，而且對於房地產或者私募股權之類的東西，我知道的不多。」

好，那這就是你的問題了。但我已經告訴你怎麼樣才能做到這一切，不是嗎？如

果你不用心，如果你太局限在自己的小圈子裡，那就別再向我哭訴，耶魯大學捐贈基金在一年中收益上漲了 20% ～ 30%。

　　也許對你來說，這些辦法只是不怎麼適用罷了。別灰心，對大多數人也是如此。

壞事總是發生，為什麼這一次不一樣？

12

商品投資……你生活中的一切都與實物商品有關

也許除了水以及每個必將會來臨的明天之外，每種食品都屬於商品，包括蔬菜和炸玉米餅在內，你所吃的每種東西都有對應的販售商品。你可以有選擇地進行投資，也可以無差別的進行投資。

你駕駛的汽車由鋼鐵和玻璃製造而成，當然橡膠輪胎也必不可少。你的汽車由各種商品組合而成，作為組成車輛的機器也是由各種商品構成的。你可以任意購買其中一種，也可以把它們全部買回家。

在讀到這段文字的時候，你可能正坐在家裡的椅子上，或者坐在飛機座椅上。椅子的布料是由化工製品做成的，你也可以買到。飛機需要石油製品作為動力，你也可以對此進行投資。

今晚入睡的時候，你可能會躺在由鋼彈簧（商品）、棉花墊（商品）做成的床上，身上蓋著電熱毯（商品）。你房子的冷熱調節需要天然氣，而它也是商品。

整個世界由形形色色的物品構成，每種物品都是由物質構成，而後者是（或部分是）一種商品（也有一些例外），你可以購買這些物品並進行針對性的投資。

在過去數年間，許多商品的價格都出現了大幅飆升。如果你擁有一些物品，而且其價格上漲，那你就可以因此而賺錢。可以確定的是，這正是那些強勢玩家的出牌方式。

而作為路人甲的你，又該怎樣購買商品資產呢？方法當然多種多樣，其最穩妥、最簡便的，就是讓經紀人給你一份合約，規定

好在某一特定時間按照某一特定價格買入特定數量的商品 —— 例如說某種品級的石油。也就是說，你需要支付單位×美元，才能擁有購買特定數量商品的權利，例如說（僅作玩笑）奧克拉荷馬州庫欣（Cushing）儲油中心的1,000桶石油，油品等級是西德州中級原油（West Texas Intermediate Crude，簡稱WTI），你可以在2012年6月30日之前以每桶140美元的價格隨時買入。

如果石油價格遠低於每桶140美元，正如現在一樣，那這份期貨合約多花不了多少錢。

但是，如果波斯灣（Persian Gulf）爆發了戰爭，石油運輸中斷，那石油價格就有可能飆升，每桶超過140美元。

那樣的話，你手頭上的合約就屬於「價內期權」（in the money），你就要確實履行這份合約。即使價格非常接近但尚未達到每桶140美元，只要距離期權到期還有一段時間，那你也有可能從中獲益。如果你買了大

量的期權合約，購買的時候它們原屬於價外期權（out the money），此後突然變成或接近價內期權，那你就能輕鬆賺大錢。

這個過程的精妙之處在於所謂的保證金。

保證金（Margin）其實就是借款的別稱。經紀人會借給你錢，讓你購買某種商品（通常是股票，有時候也可能是商品），而為你的借款提供擔保的正是股票或者商品本身。你需要支付借款利息，這就好比你把股票拿去抵押一樣。誰聽說過，有了抵押之後借款還會發生問題的？你獲得了貸款，就可以買東西 —— 一棟別墅、一間公寓、一檔股票 —— 然後就看著這些東西的價格飆升就行了（這簡直是再容易不過了）。

我並不想讓這聽起來複雜難懂，況且其中的微妙之處也是顯而易見，不是嗎？

假如你可以買入10,000美元的石油合約，但慶幸的是，你可以動用保證金，那你就具備了（只是舉例來說）以10,000美元購

買20,000美元商品的能力。以這些商品合約作為擔保，你的經紀人會借給你另外10,000美元的資金。

假設當石油價格飛速上漲的時候，即便不用保證金，你也能賺兩倍。但在這筆交易中，手頭的現金會使你賺錢，同時保證金也會讓你賺錢。

而你本人卻還在琢磨別人怎麼賺錢。

現在你知道了吧？你是拿別人的錢來賺錢呢。朋友，這就是其中的訣竅啊。

但其中有一個小小的問題，我們對此也不避諱。各種商品的價格總是有漲有跌。是的，即使是中國對各類商品的需求如饑似渴，商品價格還是有可能下降。有些商品價格甚至會大幅下跌。

即使是你已經讀過了最新一期的商品價格目錄，全美廣播公司財經頻道的節目也每集都看，每週六天都會注意《華爾街日報》的報導，你在判斷商品價格走勢方面依然有可能會犯錯。

如果中國的經濟增長速度放緩（正如同其近期走勢一樣），如果大量美國頁岩天然氣被發掘出來，如果總統下令要求汽車必須更小巧更輕快，那玉米、豬肉、石油、天然氣、生鐵、鋼鐵、汽油的價格都會紛紛下跌。這些商品價格的下跌可能是暫時的，也可能是永久的。但它們會讓你的投資收益消失殆盡，並且會導致虧損迅速累積。

　　如果你購買商品的時候使用了保證金，那此時借給你保證金的經紀人就會要求你拿出更多的錢，以便將現金及商品與保證金借款的比例保持在充足的水準之上，這叫「追繳保證金」。如果投資的商品出現「跌停」，突然間得到這樣的消息，那你就可能會寢食難安了，尤其是當你早上接到電話的話更是如此。（「跌停」是指商品價格的跌幅，達到了其在一天之內所能被允許的極限。商品每日波動幅度是有限度的，以便防止價格的整體暴跌。我就曾經接到過追繳保證金的電話。這會讓你一整天都坐不住

的。）

因此，投資商品是有風險的。但拿借來的錢或者保證金來進行商品投資，那就完全是另外一種玩法了。

但這不正是你所希望的嗎？對於眼前日復一日單調無聊的生活，你不是早已經厭煩了嗎？你不想冒險嘗試一下嗎？

商品投資，尤其是動用保證金的商品投資，完全可以讓你過上自己一直在努力追尋的那種刺激人生。

13

動用投資保證金

　　既然知道了保證金這回事，那我們有什麼理由不好好用它呢？為什麼不在你的所有投資中都借助保證金的力量呢？對於你那些精挑細選出來的優秀股票，透過動用保證金將能讓你賺到更多的錢。

　　如果有一家新創的社群媒體網站，你以每股15美元的價格買入其100股股票，當股價上漲到每股25美元的時候，那你只能賺到區區1,000美元。但如果是透過借錢買入150股股票，並動用了保證金，那你將賺得

更多。你可能根本無須動用自己的現金（這要根據當時的保證金要求而定）。此時如果股票價格上升到25美元，那你就可以賺到1,500美元。

想一想，如果你動用保證金，買入15,000股股票的情景！此時，如果股票價格上漲，那你的投資收益可真是扶搖直上了。

當然，如果股票價格下挫，使得你投資的股票價值已經不足以提供抵押擔保，那經紀人就會要求你立即追繳現金保證金——否則他們將直接通知你，要將你全部持倉的資產進行「清倉」。這意味著，你的全部投資都要出售，這樣才能讓經紀人籌集到足夠的資金來償還你的借款。如果股票價格大幅下挫，你的資產清倉之後所得收入不足以償還借款，那剩餘的借款就將變成你的個人債務。

這些借款必須歸還，沒有通融的餘地。這跟抵押不同，抵押的情況下借款人唯一的追討來源就是（通常是）為貸款提供擔保的

房產。但保證金不是這樣的，根本不是。

在被迫償還保證金的過程中，不管股票清倉後是否足夠償債，此前借入的每一分錢你都負有償還的義務。

這其中的原理差不多是這樣的：假如你以每股10美元的價格購買了那家新社群媒體公司的1,500股股票，按保證金規則可以有33%的保證金波動幅度。這就是說，你可以自己投入5,000美元，然後從經紀人那裡借10,000美元，這些錢都可以拿來買股票。只要股票價格不低於15美元，那麼你的借款及利息就可以100%得到股票資產的擔保。

假設隨後意外情況出現了，你手中的社群媒體股票價格跌到每股3美元。這就意味著，你手中持倉的全部股票價格只有4,500美元。但你的債務總額可沒有變化。這個金額是固定的。因此你就需要追繳保證金，以便為借款提供擔保。這就是說，你需要提供5,500美元的現金，而且要很快拿出來。

相較之下，你沒覺得，這讓那些古板傳

統的投資活動變得更有意思嗎？如果你使用的保證金占投資總額的80％，那你就可以大量使用借款來投資，可是一旦當你的股票價格大幅下跌，就必須拿出大筆現金來擔保。上述場景可以讓你完完全全體驗到什麼是有意思。想像你將經歷的那個時刻吧！

14

賣空投機

　　股票、商品以及其他投資標的的交易最值得讚賞的特點之一，就是它們允許人們就某檔股票或某種商品，以及其他任何一時可能想像不到的東西的價格下跌進行下注，並透過這種方式來賺錢。是的，你可以透過賣空股票或者其他任何標的來賺錢。

　　具體的操作方式簡述如下。

　　你要先找到經紀人。你告訴他說，自己希望賣空那家新社群媒體的股票，因為你的指尖感到那檔股票的價格將會下跌。

假設股票價格是每股15美元，此時你希望賣空1,000股該股票。經紀人從我的股票帳戶或者其他人的股票帳戶中「借來」1,000股，按照每股15美元的價格賣出去，你的總收入就是15,000美元（這裡沒有減去手續費）。

在你的投資帳戶中，這15,000美元既是資產也是負債。是的，你擁有15,000美元，但與此同時你也必須在特定時間之內，歸還這1,000股股票回到其他人的投資帳戶，因為這些股票是從經紀人那裡借來的，你還需要支付利息給他。

假設你對這檔股票走勢的天才直覺是準確的，這檔股票價格下跌到每股5美元。你告訴經紀人替你買入1,000股該股票，那麼你只花了5,000美元，隨後你就可以把股票如數還給你賣空時借出股票的所有者（他們可能根本不知道股票曾經不見了），這樣你就賺了10,000美元 —— 用你出售所借股票的所得15,000美元，減去之後購買同樣數量

股票花費的5,000美元。這個交易日獲利可真是不錯。

這整個投資過程中有各種很有意思的變化因素。你可以買入一份「看跌期權」，這樣不管你原來買入價格是多少，在或短或長的一段時間內的任何一個時間點，你都可以以每股15美元的價格把股票回售給經紀人。這樣你會因股票價格下挫而獲益，因為你買入股票的價格可能會低於「看跌」賣出的價格，從而可以賺取其中的差價。

看跌期權，其含義不言自明，當股票價格下跌的時候你就能夠獲利。看跌期權的精妙之處在於，這樣操作會鎖定你面臨的投資風險，我們隨後將對此進一步探討。

實際上，賣空、看跌期權以及其他類似但更加複雜的投資工具，使用者往往是華爾街的那群大佬，使用目的是對沖其投資風險。如果針對某一指數型基金或者指數股票型基金（ETF），他們在長期買入的同時，也會進行一些短期賣空、買入看跌期權等操

作，這樣一旦股票走勢與預期相反，他們就可以避免一定的投資損失。

我知道這一切聽起來好到令人難以置信，但是這其中有個大問題，而這個問題會對你的投資造成很大的損失。透過賣空交易你也有可能會賠錢。實際上，在一筆實際的賣空交易中，你賠錢的機率是無限大的。（同樣，這也是期權的魅力所在。）

如果買入某檔股票、某種商品或債券，那你面臨的損失是有限的，最高也不會超過你購買股票、商品或者債券的投資，你的損失不可能超過你的投資額。即使資產價格降為零，你也不會有更多的損失產生。

但是在賣空交易中，你可能會面臨巨大的損失，遠遠超出你所投資的金額。之前借入股票的投資額以及償還這些借款所需支付金額之間的價差，全都會成為你需要承擔的損失。

舉例來說，假設你認為，目前每股15美元的新社群媒體股票，未來將跌到每股5美

元。你進行了10,000股的賣空操作。如果你預判正確，股價跌到每股5美元，那你就賺了10,000股×10美元，也就是100,000美元。但假設你去度假了，而在這期間，這家公司有了一項新發明，可以把這項創意發明植入大腦，使你變得跟前美國副總統艾爾·高爾（Al Gore）一樣聰明，隨後這家公司的股價飆升到每股100美元。

從美國全國廣播公司財經頻道的新聞得知，這家公司下一步的營運方向是開發一款可以植入大腦的App，可以用來減肥。你聽說這家公司的股價奔向每股200美元去了，因此你想結束這次賣空投機，但你首先需要歸還之前賣空時的股票數。你不得不到市場上按照每股100美元的價格買入10,000股，來補上自己的賣空頭寸，以便未來不會因為賣空而產生更多損失。為此你必須拿出100萬美元，雖然之前出售空頭的時候你也得到15,000美元的費用，但無論如何，你依然損失了85萬美元。這可真讓人肉疼。

現在我們再次平心靜氣地看看。短期來說，很少有股票能從15美元直接跳漲到100美元，但這個例子依然能夠說明問題，你損失的金額大小是由前後賣出和買入的價差決定的。不誇張地說，股票或者商品的價格可能沒有上限，因此你的投資損失也沒有上限。

這些帶給你的後果，是無數個不眠之夜以及不得不割肉出售的房產。

但你會說，是作者你剛剛坦言，華爾街大佬們會利用賣空操作。如果其中有這麼大的風險，那他們幹嘛還這麼做呢？

那是因為他們都是大佬。通常，他們是拿別人的錢來投資的。他們甚至會針對避險操作進行二次避險。他們擁有即時的預警系統，能夠及時迅速進行清倉。況且如果有未平倉合約（open positions）的話，他們是不會出去度假的。

我有一位超級聰明的朋友，名字叫吉姆·羅傑斯。他具備賣空操作的能力，而且

也進行了賣空操作，為此他賺了不少錢。這些好事我可根本想都不敢想。為什麼？因為他的資產規模足夠大，思考也夠冷靜，經驗夠豐富，操作夠迅速，而我可做不到。

我看你也不行。但可別讓這些把你嚇跑。

正如我之前所說的，如果想嘗試那些大佬們改採用的投資方式，例如購買林地、投資私募股權，那可能會毀掉你的投資。如果你想嘗試一下大佬們改採用的賣空操作，我想結果也不外如是。當然，這些都只是賠「點」錢罷了。

15

對自己的投資乃至
全部財務打理毫無規劃

通常，大多數美國人的計畫都很簡單：努力積存足夠的財產來償還債務。

對大多數美國人來說，他們首要的債務就是要為自己的兒媳婦買足夠多的珠寶首飾。

哈哈！騙你的。你可不希望這一切發生在你身上，不是嗎？

認真地說，正像我的好朋友理財規劃師瑞伊・盧西亞（Ray Lucia）喜歡朝我叨念的那樣，一個成年人的主要財務規劃首先必須

把自己的資產情況與不再工作後支撐個人和家庭的生計搭配起來檢視。

資產負債搭配起來檢視所需要解決的第二個問題就是：子女的教育支出。在當前惡劣的教育環境下，自孩子上小學起，你可能還需要為孩子準備好在私立學校就讀的所有不菲開支。

把資產和負債搭配起來檢視，這聽起來好像是天經地義的，不是嗎？為此你所需要做的就是要留意自己的投資收益率，以及退休之後需要多少錢來養老。這就是說，要知道自己能夠活多久、自己的健康狀況如何，以及（這可是個關鍵因素）未來通貨膨脹率將達到什麼水準。

這實際上是極度複雜的一個過程。你手頭所能掌握的最多只是前一個十年間股票、債券、房地產的投資報酬情況。你根本不可能知道未來的投資收益會如何。同樣的，對於你退休之後甚至你退休之前的通貨膨脹率，你可根本預測不出來。

你可以進行粗估，而且通常這些預估實際運用起來效果也不錯。有一種被稱為蒙特卡羅（Monte Carlo）的統計模擬法，我的好朋友菲爾·德穆斯很喜歡用。該模型可以提供所有未來可能發生的情景，讓你知道未來將會面臨哪些情況──當然這一模型所依據的資料，依然是過去發生的事實。

但是要想準確知道未來你需要多少錢，以及未來你手裡能剩下多少錢，這項工作簡直是太困難了。不，不僅僅是很困難，這根本就是一項不可能完成的任務。

你也可以嘗試著把這個問題簡化處理，過著極度清貧的生活，那就是不論未來發生什麼，相比於你的資產，你的花費總是很少。這正是我父母的生活方式，而且這也很契合他們的需求。即使到1990年代，他們都已經80多歲了，各方面條件都很好了，但他們的生活依然就像1937年芝加哥大學剛畢業的學生一樣。他們無論什麼事情都講究節制，因此他們根本無須擔心錢不夠的問

題 —— 可是他們會在小額支出上操心。實際上他們有足夠的錢，卻從來不揮霍。

但是這樣有意思嗎？他們過得是像詹姆士・龐德（James Bond）或者休・海夫納（Hugh Hefner）那樣的日子嗎？不是的，他們的生活低調而平靜。他們說自己很快活，但事實是這樣嗎？如果一個人生性敏感的話，他會快活嗎？問題本身就隱含著答案。此外，儘管他們在世的時候沒有揮霍，但並沒有合理做好遺產規劃，這可是一個大錯。美國國稅局把他們的大部分遺產都給敗壞了（而這本應該是屬於姐姐和我的）。

還有一個方案，你可以購買一份通貨膨脹指數年金。按照年金合約，最初這份年金只支付給你很少的額度，隨後就會根據通貨膨脹的數額逐年遞增。這聽起來很棒，不是嗎？確實如此，但還是有一個問題，這些產品有點貴。為了購買這類產品，每年你都需要拿出手頭資產的一定百分比，儘管通常比例可能沒有那麼高。

現在，有些聰明的傢伙會說：「它們當然不便宜，它們可都是養老救命的產品。說到養老救命，拿再多的錢來買都不為過吧？」

但與此同時，還有一種聲音會在你的耳邊迴響：「這些鬼東西太複雜了，不僅貴得要死，還得讓人認真思考、嚴格自律才行，我費這個心思幹嘛？」

我們應當牢記，要想執行一項財務計畫，我們大多數人都必須嚴格節約開支（但如果是NBA大前鋒則無須如此），我們必須強迫自己存錢。我們真的想讓這種嚴格的自律，敗壞自己的美好時光嗎？

面對自己大筆花費、大筆購物以及追求刺激冒險的衝動，我們真的希望自己說「不」嗎？

現在讓我來說出事實真相吧。你花錢是不是比存錢的感覺要好得多？由於一些深奧的心理因素，人們在花錢時就是會感到很享受。對我們大多數人來說，縮衣節食地存錢

的感覺，實在難言美好。

但是當帳單到手的時候，那種感覺就不怎麼好了。可是在此之前，花錢的感覺難道不比存錢要舒服太多嗎？

讓那種美妙的感覺浸染著你，讓它帶你揚帆出海，漂流在如加勒比海暖流般的金錢極樂中，把財務規劃什麼的拋在腦後。你一定聽過「人類一思考，上帝就發笑」這句話吧？

這恰恰是事實。因此，不要再做計畫了，反正也難以實現，順其自然地生活就行了。你可能會滿懷歡喜，也有可能會失望而歸。你安心等著就行了。

16

一意孤行

　　你根本無須去諮詢顧問或者專家學者，憑藉自己無與倫比的靈感和直覺，你完全可以取得成功。你既不需要他人指引，更不想受到別人約束，你只需要按照自己認為最好的方式來行事就行了。

　　對於其他經驗豐富或知識淵博的人，你也根本用不著聽他們的意見。對於投資所需要了解的各種知識，你都是生而知之。而如今作為成年人，那些經紀人或理財顧問就像操勞的父母，你也根本都不需要。很早之前

你就不需要他們了。因此,勇敢地投資吧,
你一個人就能做到。在涉及錢的事情上,經
驗和知識根本沒什麼用。

_____

17

根本不注意繳稅對投資的影響

在一些事情上吹毛求疵會耗盡你的時間和錢，如何應對繳稅就是其中之一，而對後者，你又何須自擾呢？你別去煩憂一些投資（例如指數型基金）是否屬於稅收優惠帳戶〔例如個人退休帳戶（individual retirement accounts，簡稱IRA）[13]〕。

你的遺產規劃呢？對於要採取哪些措

---

13 美國個人退休帳戶（IRA）是一種具有延稅優惠的養老帳戶。──編者注

施才能讓你遺澤後輩，你還是不用擔心。畢竟，你的那些後輩們替你考慮什麼了嗎？

　　國家拿走的稅金只相當於你遺產的一半而已，到時候你都已經不在人世了。因此，有什麼好擔心的呢？

　　而資本利得稅──我寫本書的時候美國稅率是15％，但很快就將大幅提高──這是聯邦政府很重要的一項稅收來源，不要試圖在山姆叔叔要錢的時候跟他耍花樣。

　　別諮詢那些稅務籌劃師或者諮詢顧問，一味不計後果隨遇而安吧。

18

堅信輿論領袖真能預測未來

　　我知道，你私下裡認為世界上絕對沒有人能夠預測未來，但這是不對的。如果有人上了電視，大談特談經濟走勢，那他就是可以預測未來的人。同樣的，如果有個人開了關於理財的專欄，不管是什麼形式，在什麼媒體上，那他也能預測未來。

　　不管他過去的預測是否一直都是錯的，這根本不重要。這一次，他對未來的預測將無比準確。

　　可是即使是像華倫·巴菲特這樣的超級

億萬富翁也有可能犯錯，這是確信無疑的。即使是總統和最高法院的法官也會犯錯，我也經常犯錯。（或者至少說我過去曾經犯的錯，未來我不會再犯。）

但是從今天開始，對於你看到或者讀到的專家預測，你都可以堅信不疑。

同樣的，每位共同基金經理和避險基金專家也都具備預測未來的能力。

在你內心之中，可能有一絲游移在叫囂著，「唉喲喂，有人要是真能夠預測未來的話，那肯定瞬間就會成為世界首富的……而這些傢伙顯然不能。」

別管這些。從現在開始，能夠預測未來的人將要出現了，而且你很容易就能在電視上看到他們。不要理會這些人以往的投資績效如何，你只需要盲目遵從就行了，因為他們既能夠預見未來，也能夠看清細節 —— 而你顯然不能。

他們擁有其他人所不具備的神奇能力。要不然他們怎麼會上電視或者擁有時事專欄

或者開設部落格呢？正是這些人而且也只有這些人，才能夠消除我們生活中的各種不確定性。

___

19

臨陣磨槍

　　也就是說，直到臨近退休的時候才開始琢磨退休規劃的事情，絕不提前打算，年輕的時候絕不存錢。是的，如果你從21歲開始逐年、逐月定期存錢，如果還能得到一些利息或者資本利得，那到65歲的時候，你就完全可以開開心心地退休休息了。試想一下：從21歲到65歲每年存下1,000美元，如果每年收益8%，那最終你將有327,000美元。如果每年存10,000美元的話，那最終你將有3,270,000美元。

但從另一方面來說，如果你把這些錢花了，你也會其樂無窮。你可以買一輛好車，去巴哈馬的拿騷（Nassau）旅遊，買一些好看的衣服，出去約會，在當地酒吧觥籌交錯。這樣你看起來像是 —— 而且本身就是 —— 一個富豪，一個揮金如土的有錢人，儘管實際上你是挖了一個大坑給未來的自己。

　　但是，你畢竟擁有了這樣的閃亮時刻，酒吧裡所有的目光都聚集在你身上，而且眾人睜大了藍色的眼睛，帶著仰慕的目光看著你。如果把錢存在毫無價值的退休帳戶裡無所事事，只能讓這些錢從印刷廠出廠之日就開始嘲笑你的不作為，與此相比，把錢花出去不是有價值得多嗎？

　　所以等你60歲或者61歲的時候（別太早），你再開始為你的退休存錢吧。可到時退休的你拿什麼錢來存呢？有誰在乎這個問題呢？你內心蘊藏的是自由不羈的靈魂，可不是一個刻板的會計師。

20

毫不重視錢財之物

　　不管怎麼說，生活是一個連續不斷的過程。生活的意義在於閱盡美景、四處冒險，在於找到那個讓你一見傾心的遊艇船長，其人英勇且有著金色的捲髮和明亮的藍眸。

　　生活就是失去你曾經認為永遠屬於你的那個人（他自殺了，因為他說你太無聊了，與其繼續跟你在一起還不如死去），然後移民到南太平洋的小島上，開闢一塊蔬菜種植園，開一家烹飪學校，由此獲得靈魂上的救贖。你會教當地人怎麼烹飪綠花椰菜，這可

是他們之前聞所未聞的東西。這一切你都可以在小茅屋裡完成。對你來說金錢毫無意義。雖然沒有金錢，但是你擁有跟綠花椰菜有關的所有知識，以及島民的真心愛戴。因此，即使這本書中所列出的錯誤你都犯過，但無論如何，綠花椰菜以及烹飪學校依然屬於你……還有那位金髮的遊艇船長，命運正指引著他向你走來。

認真地說，當你身處大洋中部某個島鏈上的時候，金錢又有多大意義呢？過去你一輩子可能都是這種狀態。因此，別再琢磨你的投資組合了，別再想投資績效如何，甚至連是否投資這個問題都不用想了，你完全可以一直做一名流浪者。你也可以一直以父母那位於英國科茨沃爾德（Cotswolds）的房產為生。至於你退休之後？綠花椰菜種植達人還需要考慮退休嗎？一名擁有土地的英國鄉紳需要考慮退休問題嗎？

拿什麼來付孩子們的學費呢？好吧，你可以借錢。我經常這麼做，從吉佩

（Gipper）[14]，也就是美國前總統隆納‧雷根
（Ronald Reagan）先生那裡借。當被問及稅
收減免造成大額財政赤字，並且將對後代造
成沉重負擔，他對此做何感想的時候，雷根
先生機智地答覆道：「後人又何曾為我考慮
過？」

當有人問耶穌，窮人怎麼才能有衣服蔽
體禦寒的時候，他回答說：「看啊，漫山遍
野的百合花。它們既不勞苦，也不紡紗。但
是所羅門極榮華的時候，他所穿戴的，還不
如這花一朵呢⋯⋯所以，不要擔心明天的事
情。」

與田野裡的百合花或者綠花椰菜相比，
金錢真的是毫無價值。因此，把這一切都丟
在腦後，完全沉醉在自己的世界裡吧。

14 美國前總統雷根的暱稱，源於其在電影《紐特‧羅克
尼－完全的美國人》（*Knute Rockne All American*）中的
一句台詞，「為了吉佩贏一次」。而作者在此處提及
雷根及下文的百合花，意在反諷不願從長計議、毫無
財務規劃的人。── 編者註

如何毀掉最好的資產：你自己

現在，讓我們換一個話題。

對我們絕大多數人來說，唯一最重要的收益性資產就是我們自己。我們大多數人從利息收入、股票投資或者房地產投資上賺到的錢，總是不足以支付各類帳單，直到我們退休 —— 如果能夠順利退休的話。但是！你自己就是一項巨大的生息資產 —— 你的大腦、你的魅力、你的優雅、你強健的腰背，這些都能夠保護你，並讓你有能力支付各類帳單。

因此，再次強調一下，「你」才是投資組合中最核心的資產。下面簡要列出「如何毀掉你」這項資產，對此我將扼要地加以說明。

21

選擇一份沒有前途發展的職業

如果你選的工作，
起薪和之後的薪資相差無幾，
對人們的生活毫無影響，
或者其影響難以衡量，
這種工作的薪資一定不高。

22

選擇一份幾乎不可能
有高收入的職業

　　這有時指的是體力工作，有時候也不一定，也可能是指藝術或者音樂之類的工作。這通常是指優勝者賺得盆滿缽滿 —— 就像米克・傑格（Mick Jagger）[15]或者艾克索爾・羅斯（Axl Rose）[16]一樣 —— 而普通從業者卻只能透過在餐廳打工來補貼家用。不要選擇像律師這樣的職業，因為你一旦步入這條軌道，薪資就只能緩慢增長。

---

15 英國搖滾樂手，滾石樂團創始成員之一，1962年開始擔任樂團主唱至今，並演奏口琴、吉他和鋼琴。作為演員、製片人和作曲人參與過多部電影的製作。

16 美國搖滾創作歌手和音樂家，是硬式搖滾樂團槍與玫瑰的原始成員及主唱。

23

選擇接受更高的教育
而不是更高的收入

你肯定認為一定要擁博士學位，
即使這不會讓你的薪水多加一分錢。
（參見第**20**則中有關百合花的那段說明。）

24

不尊重老板或同事

人們喜歡被輕蔑地對待，
越這樣待人，人們對你越尊重。
因此，對於職位高於你以及與你共事的人，
要表示出徹底的鄙視。
這會讓他們知道，真正的老板是 —— 你，
你，別無他人！

25

一味的臨場發揮，而不用心鑽研所從事的工作與產業

不要埋頭苦幹或者讀書鑽研。
如果一眼看過去之後還是無法理解，
那就別在上面花力氣了，
沒有什麼值得你花大量時間去鑽研學習。

26

得過且過

別總是想著出人頭地，
別成為一名馬屁精，
別總是自命不凡。

27

露臉時衣衫不整、
鬍子不刮、不修邊幅

總是以自我感覺良好的
不佳形象出現在大家面前。
你可不是機器上的一枚齒輪，
你也不是在軍隊服役，
你是個「自由」人。

28

不注重探求真相

絕對的真相對數學家有意義，但是對於像你這樣的詩人、藝術家以及夢想家來說卻並非如此。英國詩人濟慈（Keats）在意真相嗎？梵谷（Van Gogh）呢？投資人伯納‧馬多夫（Bernie Madoff）呢？他們所創造的，是他們所認為的真相，正如寓言說的：「我們每個人都擁有自己的真相，我的不見得要與你的相同。」

29

公然看不起自己的工作、同事、老板和客戶

你就跟馬龍・白蘭度（Marlon Brando）一樣，也跟阿諾・史瓦辛格（Arnold Schwarzenegger）一樣，你是高居法律之上的存在。事情就是這樣簡單，其他人都是勤勞的工蜂，而你則是女王蜂。

30

肆意炫耀自己比同事
高人一等的優越感

平時表現得就好像你的同事、老板都是有組織的罪犯或騙子一樣，你在道德層面高他們一等，而且你也會把這種態度公開表現出來。他們所做的工作或者管理，基本上就是偷竊和詐騙，你是身穿明亮盔甲的英勇騎士，一切就這麼簡單。

31

從不守時

這是傭人和侍從應當遵循的，
而你顯然不是。
這還用多說嗎？

32

午餐時從不介意
來一兩杯雞尾酒

平時工作壓力太大了，
如果中午吃飯的時候
你想跟同事以及朋友們放鬆一下，
誰又能說什麼呢？
你能撐起「場面」並會因此
讓自己變得很好 ——
如果你不能因此變好，
那就太糟糕了。

33

在工作中傳播謠言、製造不和

....

你一定要讓同事們相互看不順眼，
一定要讓同事們互相爭吵，
而不是齊心協力把工作做好。
別擔心，
閒言碎語很快就會傳到大老板那裡，
他會確定誰需要對此負責的。

34

事後指責工作中的每個人，
尤其是老板

負責人喜歡下屬質疑他們的決定，
因此你可得趁早並且經常這樣做。

35

用訴訟來威脅老板和雇主

　　你對自己應當享有的權利了然於胸，你絕不會任人擺佈。讓整個辦公室都知道，別人不小心看了你一眼，好咧，這就是性騷擾；別人不小心說錯一句話，就成了歧視殘疾人士。不管怎麼樣，你都可以找到興訟的理由，讓你老板的生活慘不忍睹。大聲表達自己的主張，別人都會尊重你的，而且人們喜歡被起訴。

36

抱怨工作

別原諒別人，
別忘記不滿，
以最壞的惡意來揣測別人。
每天一起床，
就堅信其他人會來騙你。
你將會知道的下一件事，
就是生活最終將如你所願。

37

對任何吸引自己的人都展開情感攻勢

你是玩世不恭的浪子，你得讓全世界都知道這件事 —— 這樣你就會更快樂，別人也是。人們希望得到別人的關注，也都很樂意被挑逗，因此做一名像情聖卡薩諾瓦（Casanova）或者專挑年輕男子下手的熟女那種人物吧，你的同事都會因此更尊重你的。當覺得別人上道的時候，別不好意思講一些黃色笑話，這樣會讓他們「更有興致」。

38

上班時間打電話、玩手機占用過多時間

再次重複一下，你可不是機器人，
你必須保持自己的社交網絡。
盡情玩那些高科技的社群生活遊戲吧，
其他人也都玩，
你為什麼不能這樣呢？

39

工作時間玩遊戲，
並且肆無忌憚地製造噪音

當對上述娛樂活動都已經厭倦，你還可以上網找找Ａ片打發時間，越露骨效果越好，一定要把音量調到最大。別人看見又有什麼關係？現在可不是喬治·歐威爾（George Orwell）在《1984》裡所寫的那樣了，沒有「真理部」，也沒有「思想警察」，你完全可以為所欲為，而且上班又不是坐牢。面對慘無人道的艱苦工作，如果你想看看「動作片」來調節一下，朋友，這樣做保證沒問題。

40

在工作時間安排大量私人約會

你擁有自己的生活，
你有權支配自己的生活。
如果今天你抽不出時間，
那總有一天你會有時間的。

41

偷聽同事談話並窺探
他們的郵件內容

然後就在辦公室或者休息室裡
跟其他人分享你所偷聽到的內容。

42

大談特談前雇主
比現在的好得多

老板們都喜歡聽到別人指出他們的缺點，
而你能夠直言不諱地指出來，
肯定能讓他們變得更好。
最終他們會感謝你的。

43

吹噓自己家庭背景是如何優越

　　讓每個人都知道你爸媽大有來頭，可以讓你的老闆吃不了兜著走，或者不管你表現得怎樣都可以得到提拔。同事都應當知道你超人一等的工作表現和優越的社會地位，這樣他們就會給予你相應的尊重。

44

虛報費用支出

　　沒人會注意這個的，你的老板是小氣鬼，工資給的太少。無論如何，你報銷費用的時候稍微多加點，這完全是你應得的。如果有人問起來，只需要告訴他，如果他能夠保持沉默，那你也不介意分他一杯羹。

45

向同事借錢而且不歸還

他們都知道經濟形勢不好，你可能需要點小錢來週轉一下。誰更需要錢呢？是你還是他們？借錢之後不用想著歸還。不管怎麼說，如果還錢了，你的狀況會有什麼好轉嗎？答案就是：你不會的。如果不還錢，你手頭至少可以寬裕一點。因此，你腦子裡就已經有答案了，不是嗎？

46

質疑、嘲笑甚至
貶低自己的工作

當前你所做的工作對你來說只是權宜之計，很顯然這對你來說是大材小用了。你當然要表明自己的態度，不用對工作太認真，要表現出貶低、嘲笑、高人一等的樣子。老板喜歡這樣的員工，你不久就會得到提拔了，等著瞧吧。

47

肆意調侃同事的重要合作對象

讓他們知道，
有位超男或者熟女正處於空檔期，
他們會留意的。

48

工作時試圖改變對方的宗教信仰，貶低與自己政治或宗教觀點不同的人

這將讓每個持此想法的人知道其他人的宗教所屬情況，而且也會讓你獲得應有的地位。此外，這還能恰如其分地羞辱那些瀆神者和異教徒們，他們要為不認同你這個神聖的宗教信仰而付出代價。

49

說話不經大腦

任何時候你都不應該壓抑自己，你所說的話、你的觀點，都完全取決於自己的心情。任何時候都不要忘記這一點。

致謝

　　說到對投資感興趣的人，我腦海中第一個浮現的就是我的母親。在這方面她幾乎沒受到什麼培訓，但是對於《巴隆週刊》、《華爾街日報》以及《富比士》（*Forbes*）等新聞報刊卻總是求知若渴。母親去世時，她留給姐姐和我一大筆遺產。她還給我留下兩項忠告，「謠言四起時買進，消息證實後賣出」，「做多可以賺錢，做空也可以賺錢，但過度貪婪的豬卻只有被宰的份」（Bulls make money, bears make money, but hogs get slaughtered）。對於那些追蹤指數的長期投資者來說，這兩句話在現實中到底有沒有價值，我其實心裡並沒有底，但這兩句話本身

卻是很有用的，因為母親留下的遺產確實是一筆不小的數目。

父親是一位著名的經濟學家，他是我見過的對賺錢最不感興趣的人，但對於金錢，他也有許多真知灼見。可以把他的思想歸結為簡單的一句話：「保持謹慎」。自從1999年父親去世之後，我基本上就很難做到這一點，這也讓我付出了沉重的代價。

而我的姐姐無疑是如今依然健在的史坦家族成員中最為謹慎的一位，她跟與她同樣謹慎的丈夫一起，經常提醒我，這讓我常懷感激。我的第一位天才投資導師，是我在好萊塢的首位代理人喬治‧迪斯肯特（George Diskant）。他有關經濟前景的預言並不總會靈驗，但他告訴我很多有關波克夏‧海瑟威的內容，這些可都是價值不菲的忠告。

其他對我產生巨大影響的，還有哥倫比亞大學優秀的理財和銀行系教授C‧羅威爾‧哈里斯（C. Lowell Harriss），以及耶魯大學的超級經濟學教授亨利‧沃里奇

（Henry Wallich）和詹姆士・托賓（James Tobin），他們分別是「聯準會模型」（The Fed Model）以及托賓Q（Tobin's q）的創立者，二者都可以用來說明股票價值何時被高估和低估。從近年來的情況來看，兩種理論貌似都沒有展現出多少預測價值，但從一般的指標性上來說，二者無疑都是正確的。

過去25年間，能夠擁有美林證券凱文・漢利（Kevin Hanley）這樣優秀的經紀人，再加上他同樣優秀的同事傑瑞・金（Jerry Au），能夠得到他們的幫助，我感到十分榮幸。我也有幸被引薦給博學多才的約翰・柏格（John Bogle）。我在富達（Fidelity）有不少的投資。我也跟奈德・強森（Ned Johnson）及其愛女艾比蓋爾（Abigail）交往甚密。他們一家人及其公司都幫助我很多。他們以及約翰・柏格不愧是小型投資者的良師益友。

過去十年時間裡，我一直是瑞伊・盧希亞（Ray Lucia）的同伴，經常跟他一起吃飯

聊天，他在確認投資訊息和投資諮詢方面的優異表現，讓人肅然起敬（如今已經退休在家）。我從瑞伊以及他的兄長喬（Joe）身上獲益良多，也早已經把喬視為自己的兄長。

如果說有人在投機方面比吉姆・羅傑斯更加狡猾，預測未來方面比他更迅速，那我一時還真是想不出來有誰能做到這一點，除非他是華倫・巴菲特。多年來，我一直跟他在福斯電視台共同參加一個現場節目，我總是從他那裡收穫良多，至今依然如此。電視節目中的那一群人，特別是主持人尼爾・卡夫托（Neil Cavuto）不斷提出各種問題，使我留下了很深的印象。

在一系列陰差陽錯的巧合下，過去這些年我逐漸與華倫・巴菲特熟識起來。毫無疑問，他無論在投資領域還是在生活方面，都是最偉大的天才人物。即使考慮到我所能達到的極限，他依然輕鬆領先著許多光年，他一直啟發著我，多年來透過閱讀他的年度報告，讓我原本混沌無知的大腦也有所開竅。

最後，還有我的好朋友菲爾·德穆斯，他在投資領域注入了無盡的心力和時光，有時我也會提供一些模糊的建議給他，但通常他都會有自己獨特的思路。我們的交流互動基本上都圍繞著投資，而且總是能夠碰撞出火花。能擁有像菲爾這麼優秀朋友的人可不多見，我對此常心懷感激。

當然，這也許還不是所有的。真正需要感謝的，其實應當是生活本身。生活曾多次把我打倒，把我推向高峰而又打落低谷，也曾讓我有一種虛幻的安全感，然後向我展現誰才是真正的主宰，讓我學會了敬畏和謙卑，讓我感覺有必要透過這本書，把自己學到的經驗教訓分享給年輕的一代。班·富蘭克林（Ben Franklin）曾經說過：「經驗始終是收費昂貴的學校，然而笨蛋非進此學校不可。」（Experience keeps a dear school, but fools learn in no other）。

我就是那個傻瓜，但正如同在國王法庭（King's Court）的眾多傻瓜一樣，當我見過

很多之後，終於可以與大家共享經驗教訓。也許一切都可以總結成我老爸說過的那句話，「必須保持謹慎」。但何為謹慎？也許你可以從這本書中學到一二。

壞事總是發生，為什麼這一次不一樣？（二版）：
投資人常犯的49個致命錯誤
How to Really Ruin Your Financial Life and Portfolio

作　　者　班・史坦（Ben Stein）
譯　　者　侯偉鵬
責任編輯　夏于翔
協力編輯　王彥萍
內頁構成　江孟達工作室
排　　版　立全電腦印前排版有限公司
封面美術　兒日

總 編 輯　蘇拾平
副總編輯　王辰元
資深主編　夏于翔
主　　編　李明瑾
業　　務　王綬晨、邱紹溢、劉文雅
行　　銷　廖倚萱
出　　版　日出出版
　　　　　地址：231030新北市新店區北新路三段207-3號5樓
　　　　　電話：02-8913-1005 傳真：02-8913-1056
　　　　　網址：www.sunrisepress.com.tw
　　　　　E-mail信箱：sunrisepress@andbooks.com.tw
發　　行　大雁出版基地
　　　　　地址：231030新北市新店區北新路三段207-3號5樓
　　　　　電話：02-8913-1005 傳真：02-8913-1056
　　　　　讀者服務信箱：andbooks@andbooks.com.tw
　　　　　劃撥帳號:19983379 戶名：大雁文化事業股份有限公司

印　　刷　中原造像股份有限公司
二版一刷　2024年2月
定　　價　360元
I S B N　978-626-7382-79-0

國家圖書館出版品預行編目(CIP)資料

壞事總是發生，為什麼這一次不一樣？：投資人常犯的49個致命錯誤
/ 班.史坦(Ben Stein) 著；侯偉鵬譯. -- 二版. -- 新北市：日出出版：大雁
文化發行, 2024.02
208面；13x19公分
譯自：How to really ruin your financial life and portfolio
ISBN 978-626-7382-79-0(平裝)

1.投資 2.投資管理 3.投資分析

563.5　　　　　　　　　　　　　　　　　　　113000807